dtv

Umweltkatastrophen, Kriege, Hungersnöte, aber auch persönliche Krisen und Schicksalsschläge lassen den Menschen hadern. Wie lässt sich das Leid in der Welt mit der Existenz Gottes vereinbaren, wie passt das Bild des barmherzigen Gottes mit dem unbarmherzigen Leiden zusammen? In diesem Buch geht Anselm Grün diesen Fragen nach, und er gibt Antworten. Entstanden ist so eine tröstliche Lektüre, die zum Nachdenken einlädt.

»Gott ist gerecht. Daran müssen wir festhalten. Aber wir erleben ihn oft als ungerecht und fühlen uns nicht richtig von ihm behandelt. Wir dürfen dieses Gefühl nicht verdrängen oder durch theologische Reflexionen entwerten. Nur wenn wir die Erfahrung des ungerechten Gottes nicht überspringen, können wir zu einem neuen Gottesbild vorstoßen. ... Im Fragen und Anklagen, im Ringen und Trauern – so verheißt uns die Bibel – wird ein neues Bild meiner selbst, ein neues Verständnis des menschlichen Lebens und der Natur und eine neue Ahnung von dem ganz anderen Gott in mir wachsen.« Anselm Grün

Anselm Grün, geboren 1945, ist Mönch und Cellerar in der Benediktinerabtei Münsterschwarzach. In zahlreichen Büchern, mit seinen Kursen und Vorträgen geht er auf die Nöte und Fragen der Menschen ein. Er wird von vielen als spiritueller Berater und geistlicher Begleiter geschätzt und gehört zu den meistgelesenen christlichen Gegenwartsautoren.

Anselm Grün

Womit habe ich das verdient?

Die unverständliche Gerechtigkeit Gottes

Deutscher Taschenbuch Verlag

Ausführliche Informationen über
unsere Autoren und Bücher
finden Sie auf unserer Website
www.dtv.de

Ungekürzte Ausgabe 2012
Deutscher Taschenbuch Verlag GmbH & Co. KG, München
© 2005 Vier-Türme GmbH, Verlag, 97359 Münsterschwarzach Abtei
Alle Rechte vorbehalten
Umschlagkonzept: Balk & Brumshagen
Umschlagfoto: Süddeutsche Zeitung Photo / C. Heß
Satz: Greiner & Reichel, Köln
Druck und Bindung: Druckerei C. H. Beck, Nördlingen
Gedruckt auf säurefreiem, chlorfrei gebleichtem Papier
Printed in Germany · ISBN 978-3-423-34738-9

INHALT

EINFÜHRUNG

Flutkatastrophen in Südostasien und Japan und daraus resultierende Umweltkatastrophen haben in einer breiten Öffentlichkeit die Frage nach dem Grund des Leids in der Welt erneut aufflammen lassen. Warum das Leid? Wie kann Gott das Leid zulassen? Ist das sinnlose Leiden ein Beweis gegen die Existenz Gottes? Lässt Gott das Leid zu? Schickt er es gar? Wie kann ich das Bild des barmherzigen Gottes mit dem unbarmherzigen Leiden zusammenbringen? Ist Gott nicht ungerecht, wenn er gerade die Armen leiden lässt? In Psalm 34 heißt es: »Da ist ein Armer; er rief, und der Herr erhörte ihn. Er half ihm aus all seinen Nöten.« (Ps 34,7) Kann man diesen Psalmvers heute noch beten, wenn einem der eigene Sohn durch den Tod entrissen wurde? Sind diese Worte nicht Hohn, wenn man Arme sieht, über die ein Unglück nach dem anderen hereinbricht?

Da ist zum Beispiel eine alleinstehende Frau, die es sowieso schon schwer mit sich hat, die sich am Arbeitsplatz gemobbt fühlt und sich durchs Leben kämpfen muss. Jetzt erfährt sie vom Arzt, dass sie Krebs hat. Da bricht es aus ihr hervor: »Warum gerade ich? Womit habe ich das verdient? Ich habe mich doch all die Jahre bemüht, dem Willen Gottes gemäß zu leben.

Ich bin einen spirituellen Weg gegangen. Ich habe mich gesund ernährt. Und jetzt widerfährt mir das? Warum ist das alles so? Will Gott mich für etwas strafen? Warum tut mir Gott so etwas an? Ich habe doch schon genug gekämpft. Allein durchs Leben zu gehen, ohne Unterstützung einer Familie, das war nicht immer einfach. Jetzt auch das noch? Muss denn alles auf einmal zusammenkommen? Das ist doch ungerecht. Den anderen gelingt alles. Doch bei mir geht alles schief. Ich fühle mich wie verflucht. Kümmert sich Gott denn um mein Leid? Ich habe zu ihm im Gebet geschrien. Aber es hat alles nichts genützt.«

Solche Fragen werden mir in Gesprächen und nach Vorträgen immer wieder gestellt. Die zentrale Frage dabei ist immer: »Warum lässt Gott das Leid zu? Warum verhindert er es nicht? Warum muss ausgerechnet mich dieses Leid treffen? Was führt Gott im Schilde, dass bei mir nun alles zerbrochen ist, worauf ich mein Leben gebaut habe? Ist Gott so grausam? Hat er kein Mitleid mit mir? Ist er ungerecht?«

Auf die Frage, ob Gott ungerecht ist, kann ich nichts erwidern. Ich kann nur sagen: »Ich weiß es nicht. Ich kann Gott nicht in seine Karten schauen. Ich kann mich nicht über Gott stellen und ihm zuschauen, welche Gedanken er sich bei allem, was geschieht, macht. Ich kann nur versuchen, im Nachhinein zu verstehen, was geschehen ist, und es zu deuten.« Gemeinsam mit dem Leidenden versuche ich, mich seiner Wut und seiner Trauer, seinem abgrundtiefen Schmerz und seiner Verzweiflung zu stellen. Auch ich muss die Unbegreiflichkeit seines Leidens aushalten. Erst wenn wir lange genug geschwiegen haben, kann ich behutsam nach Worten suchen, die dem Leidenden mein Mitgefühl und meine Hilflosigkeit, aber auch meine Bereitschaft, mit ihm zu gehen, vermitteln. Vielleicht kommen mir dann auch Worte, die den anderen ermutigen und aufrichten.

Wenn ich jetzt in diesem Buch viele Worte aufschreibe, die sich an all die vom Leid Bedrückten, Gebeugten, Erschütterten, Zerbrochenen und Durchwühlten richten, dann tue ich es mit großer Vorsicht. Ich weiß aus Erfahrung, dass selbst gut gemeinte Worte den verletzen können, der von seinem Schmerz wie betäubt ist. Alle Erklärungsversuche und alle Deutungsversuche rufen oft nur seine Wut hervor: »Du hast gut reden. Wenn du deine Tochter durch einen Unfall verlierst, dann kannst du nicht mehr so sprechen.«

In diesem Buch wage ich es, trotzdem zu sprechen. Ich habe dabei die vielen schmerzerfüllten Menschen im Blick, denen ich in den letzten Jahren begegnet bin. Wenn in dir, liebe Leserin, lieber Leser, die Trauer und der Schmerz noch zu groß sind, dann kann es sein, dass dich manche Sätze ärgern oder verletzen. Aber ich vertraue darauf, dass es in deiner Trauer immer auch Phasen gibt, in denen du nach Worten suchst, die das Geschehene in ein anderes Licht heben, die dir helfen, das Leid, das dich getroffen hat, zu verstehen und anders damit umzugehen.

Manchmal kann es auch helfen, von der subjektiven Erfahrung, die einen selbst gerade so besetzt, wegzugehen und objektiver auf die Frage des Leids zu schauen, all die Gedanken, die sich die Weisen verschiedener Zeiten über das Leid gemacht haben, zu bedenken. Die Überlegungen anderer können das persönliche Leid nicht ungeschehen machen. Sie vermögen nicht den Schmerz zu lindern. Aber vielleicht hilft die Sichtweise oder die Erfahrung eines anderen Menschen, mit anderen Augen auf die Situation zu schauen. Daher habe ich in diesem Buch einige Theorien zusammengetragen, die mir für den christlichen Umgang mit dem Leid angemessen erscheinen. Es geht mir mit diesen Gedanken nicht um Lösungen, sondern um eine Hilfe, die eigene Leiderfahrung in einen größeren Horizont zu stellen. Das Denken schafft eine Distanz zu meinem Schmerz. Und manchmal ist gerade diese Distanz hilfreich, um den Schmerz zu lindern. Aber das Denken löst den Schmerz nicht auf. Denken führt zum Verstehen. Und bei aller Unbegreiflichkeit des Leids ist es ein Urbedürfnis des Menschen, sein Leid zu verstehen. Nur wenn ich mein Leben verstehe, vermag ich zu mir zu stehen und das Leid durchzustehen.

Liebe Leserin, lieber Leser! Es soll mir in diesem Buch um eine existenzielle Hilfe für dich gehen. Ich möchte dich aber zunächst an die Hand nehmen und dich in die Welt des theologischen Denkens und der spirituellen Einsichten führen, wie sie die christliche Tradition uns vor Augen hält. Vielleicht sind diese Gedanken zunächst für dich fremd. Vielleicht ist es gerade für dich auch nicht akut, dich auf diese Gedanken einzulassen. Dann kannst du dich gleich den konkreten Beispielen im dritten Teil zuwenden. Aber ich habe das Vertrauen, dass das theologische Denken und das spirituelle Suchen vieler ehrlich ringender Menschen dich in eine Welt führen, in der du dich verstanden fühlst, in der du mit deinen Fragen, mit deinem Schreien, mit deiner Verzweiflung sein darfst. Die Menschen, die ich in diesem Buch zitiere, haben selbst viel Leid erfahren. Aber sie haben versucht, ihre Erfahrungen zu deuten und sie dadurch zu bewältigen. Sie wollten damit wenigstens ihren Verstand befriedigen. Und auch wenn du manchmal gar nicht mehr richtig denken kannst, weil du zu benommen bist, wird es dir helfen, deine Gedanken zu ordnen und mit deinem Verstand das Unverständliche und Unbegreifliche deines Leidens zu durchdringen.

Sicher kann man mit intellektuellen Deutungsversuchen dem Leiden auch aus dem Weg gehen. Aber ich habe die Erfahrung gemacht, dass man den Verstand ernst nehmen muss. Der Mensch muss seinen kritischen Verstand zufriedenstellen. Sonst überspringt er eine wesentliche Seite des Menschseins. Daher wünsche ich dir, liebe Leserin, lieber Leser, dass die folgenden Seiten für dich keine weltfremden Gedankenspiele sind, sondern Hilfen, dich mit deiner eigenen Erfahrung auseinanderzusetzen. Vielleicht hat dir das Leid erst einmal deinen Glauben zerstört. Die theologische Reflexion kann dir den Glauben wahrscheinlich nicht wiederschenken, aber sie kann dich unterstützen, deinen Glauben auf eine neue Basis zu stellen und dein Gottesbild mit deiner Erfahrung zusammenzubringen.

THEOLOGISCHE ANTWORTEN AUF DAS LEID

Philosophische Grundüberlegungen

Die Frage nach Gott und dem Leid hat der deutsche Philosoph Leibniz als Theodizeefrage bezeichnet. Leibniz stellte sich die Frage, wie der Glaube an den allmächtigen und liebenden Gott mit der Erfahrung des Bösen, des Dunklen und des Leids vereinbart werden konnte. Er hatte es damit unternommen, Gott vor den Richterstuhl menschlicher Vernunft zu zerren. Doch Leibniz klagte Gott nicht an, sondern verteidigte ihn angesichts des Leids der Welt. Während der deutsche Dichter Georg Büchner das Leid als größten Beweis gegen die Existenz Gottes sah, wollte Leibniz mit Vernunftgründen beweisen, warum das Leid uns sogar auf Gott verweist.

Heute sind die meisten Theologen skeptisch, ob man die Theodizeefrage je zu beantworten vermag. Daher verzichten viele von vornherein darauf, die Frage überhaupt zu stellen. Johann Baptist Metz meint jedoch, der Verzicht auf die Theodizeefrage würde die Menschen in ihrem Leid allein lassen. Daher plädiert er für eine neue Sensibilität für dieses uralte Problem. Er gibt zu bedenken, dass manche spirituellen Bewegungen vor lauter Betonung des Einsseins mit Gott die Klage des Menschen verstummen lassen. Der Mensch weiß nicht mehr, wohin er sich mit seinem Leid und seiner Klage wenden kann. Dennoch stellt auch Metz heraus, dass die Antworten, die die Tradition gegeben hat, uns heute kaum befriedigen können.

Hier ist einmal die Antwort des hl. Augustinus zu nennen: »Die Schönheit der Weltordnung strahlt gerade in Gegensätzen glänzend hervor, wenn auch das Böse sich in ihr findet und dem Guten dienen muss.« (Vgl. Greshake, S. 14 f.) Das Leid und das Böse sind für Augustinus gleichsam der dunkle Hintergrund, auf dem das Licht göttlicher Liebe umso heller aufstrahlt. Augustinus stellt sich nicht die Frage, ob Gott dem Bösen gegenüber ohnmächtig ist. Er definiert die Allmacht Gottes vielmehr folgendermaßen: »Der allmächtige Gott … würde, da er zuhöchst gut ist, niemals die Existenz irgendeines Übels in seinen Werken zulassen, wenn er nicht auch so mächtig und gut wäre, um selbst aus dem Übel das Gute zu wirken.« Mit dieser Sicht bringt Augustinus die Allmacht Gottes und das Leid zusammen: Gott verhindert das Leid nicht. Aber er kann es umwandeln und mit dem Leid Gutes wirken.

Diese Antwort hat sicher etwas für sich. Doch wenn ich als Seelsorger sie einem Leidenden gebe, hilft sie ihm in diesem Augenblick wenig. Vielleicht erlebt er sie sogar als zynisch. Augustinus ist aber keineswegs leidunempfindlich. Er hat sehr unter dem Untergang Roms gelitten. Da ist für ihn eine ganze Welt zusammengebrochen. Seine Antwort ist ein Versuch, die Sinnlosigkeit dieses Untergangs und die Sinnlosigkeit all seiner persönlichen Leiderfahrungen in einen größeren Horizont zu stellen. Dieser größere Horizont sollte ihn befähigen, das Leid zu bewältigen, ohne daran zu zerbrechen.

Die andere klassische Antwort kommt von Leibniz. Durch

dessen Erklärungsversuch wurde die ganze deutsche idealistische Philosophie geprägt: »Die unbegrenzte Weisheit des Allmächtigen zusammen mit seiner unermesslichen Güte hat bewirkt, dass, alles zusammen gesehen, nichts Besseres entstehen konnte, als was von Gott geschaffen ist ... Deshalb hat man, wenn immer etwas in den Werken Gottes tadelnswert erscheint, anzunehmen, dass sie uns nicht genug bekannt seien und dass der Weise, welcher einzusehen vermöchte, urteilen werde, dass sie besser nicht einmal gewünscht werden könnten.« (Vgl. Greshake, S. 15) Daher gibt es für die idealistische Philosophie keinen Gegensatz zwischen Gott und dem Leid.

Das bedeutet praktisch, wenn wir Menschen hier einen Gegensatz sehen, dann ist unser Denkhorizont zu eng. Wir brauchen einen größeren Sinnzusammenhang. Dann werden wir erkennen, dass Gott und das Leid in einer höheren Harmonie zusammengehen. Diese optimistische Sicht des deutschen Philosophen brach durch das Erdbeben im Jahre 1755, bei dem in Lissabon über einhunderttausend Menschen starben, zusammen. Sie ist auch für uns heute allzu weit entfernt vom konkreten Leid, das die Menschen trifft. Wer von Naturkatastrophen heimgesucht wird, wen eine Krankheit trifft, wer vom Schicksal geschlagen wird, dem hilft diese theoretische Antwort kaum weiter.

Viele Theologen meinen, Leid könne man nicht verstehen, man müsse es vielmehr bestehen. Daher seien alle theoretischen Antworten keine Hilfe. Dieser Einwand ist ernst zu nehmen. Doch wenn ein Mensch tief im Leid steckt, möchte er es trotzdem verstehen. Unwillkürlich beginnt der Leidende zu fragen: »Warum ist das geschehen? Warum gerade ich? Was soll das für einen Sinn haben?« Gerade die Erfahrung des Leids drängt uns auch dazu, mit unserem Verstand begreifen zu wollen, was uns widerfährt.

Der Freiburger Theologe Gisbert Greshake hat einen eigenen theologischen Versuch gemacht, Gott und das Leid miteinander zu versöhnen: Er geht von einem tieferen Verständnis von Allmacht aus. Die Allmacht Gottes heißt nicht, dass Gott etwas Wesensfremdes schaffen könne. Gottes Allmacht wird keinen dreieckigen Kreis schaffen. Genauso wenig wird sie den freien Menschen schaffen und Leid verhindern. »Wenn Gott geschöpfliche Freiheit will, dann ist damit die Möglichkeit von Leid notwendig mitgegeben.« (Greshake, S. 29) »Die Freiheit des Menschen hat den Sinn, dass er Gott zu lieben vermag. Denn ohne Freiheit ist keine Liebe möglich. Leid ist also Konsequenz verfehlter Freiheitsentscheidung.« (Ebd., S. 31)

Da wir in einer Welt leben, die von sündigen Menschen geprägt ist, begegnet uns das Leid als Folge der Sünde schon vor unserer eigenen Freiheitsentscheidung. Aber es gibt auch das Leid, das nicht aus der Freiheit des Menschen stammt, sondern aus dem Kosmos selbst. Die Flutkatastrophe von 2004 wurde nicht durch ein Fehlverhalten von Menschen ausgelöst, sondern entstand im Innern der Erde. Für den französischen Jesuiten und Naturforscher Teilhard de Chardin ist das Leid das notwendige Nebenprodukt der Evolution. Doch auch diese Antwort befriedigt kaum. Man könnte höchstens sagen: Die Naturkatastrophen zeigen, dass die Welt keine nur friedliche und harmonische Welt ist, sondern eine, in der Chaos herrscht, in der Unberechenbarkeit und manchmal auch Zerstörungswut anzutreffen sind. Die Welt ist nicht schön und gut in dem harmonisierenden Sinn, in dem wir uns die Welt vorstellen möchten. Sie hat auch etwas Grausames an sich. So war auch

Reinhold Schneider, der fromme Christ, der im Zweiten Weltkrieg zahlreichen Soldaten im Feld Trost durch seine Gedichte gespendet hat, am Ende seines Lebens von der Grausamkeit schockiert, die er in der Natur erkannte. Sie verdunkelte sein Gottesbild und ließ ihn fast irrewerden an Gott.

Greshake argumentiert in seiner Meditation über Gott und das Leid weiterhin: »Leid ist ... der Preis der Freiheit, der Preis der Liebe. Ein Gott, der kraft seiner Allmacht und Güte Leid verhindern würde, müsste Liebe (welche Freiheit voraussetzt) unmöglich machen. Liebe ohne Leid wäre darum wie ein hölzernes Eisen oder ein dreieckiger Kreis.« (Greshake, S. 46) Es ist ein Versuch, den Verstand, der nach dem Warum des Leids fragt, zu befriedigen. Aber es ist keine Antwort, mit der man sich zufrieden zurücklehnen könnte. Vielmehr versucht sie, dem bohrenden Verstand zu antworten. Doch der Verstand wird nur für einen Augenblick gestillt. Dann meldet er sich wieder zu Wort und fragt weiter. Und selbst wenn der Verstand schweigt, meldet sich auf einmal der Wille und rebelliert gegen diese Antwort. Man denke nur an Iwan Karamasow in Dostojewskis Roman »Die Brüder Karamasow«: Er will die von Gott geschaffene Welt nicht akzeptieren. Für ihn ist der Preis zu hoch, den er als Mensch für das Leid zahlen muss, das die Welt erfüllt. »Meine Tasche erlaubt es mir durchaus nicht, so hohen Eintrittspreis zu zahlen. Daher beeile ich mich auch, meine Eintrittskarte zurückzugeben. Nicht, dass ich Gott nicht gelten lasse, Aljoscha, aber ergebenst gebe ich ihm die Eintrittskarte zurück.«

Aus diesen Überlegungen wird klar, Gott will das Leid nicht. Er schickt es auch nicht. Aber Gott nimmt es in Kauf, weil ihm die Freiheit des Menschen wichtig ist, die die Bedingung echter

Liebe ist. Das ist die Antwort der Theologie. Greshake hat mit seinem Versuch, die Gottesfrage mit dem Leid zu verbinden, insofern recht, als das Leid unser Gottesbild betrifft. Wir können keine leidfreie Theologie treiben. Wir dürfen Gott nicht zu niedlich sehen. Viele leidgeprüfte Menschen können das Gerede vom »lieben Gott«, der es immer gut mit uns meint, nicht mehr hören. Da regt sich in ihnen Widerstand. Das ist ihnen zu billig. Dieses nette und liebliche Gottesbild bringen sie nicht mit ihrer Erfahrung zusammen. Daher muss auch die Theologie sich dem Leid stellen und sich fragen, welche Bedeutung das Dunkle und Leidvolle in dieser Welt für unser Gottesbild hat. Die christliche Antwort ist das Bild des dreifaltigen Gottes, der in seinem Sohn in das Leid hineingeht und uns den Heiligen Geist sendet, der sich unserer Schwachheit annimmt, uns im Leiden stärkt und in uns mit unaufhörlichem Seufzen betet, angesichts der Bedrängnis durch das Leid. (Vgl. Röm 8,26)

Karl Rahner kommentiert dazu, dass die Zurückführung des Leids auf die menschliche Freiheit zwar eine richtige Antwort sei, aber nicht die letzte: »Es ist uns verboten, uns mit dieser Antwort zufriedenzugeben.« (Rahner, S. 459) Er sieht als einzige Antwort auf die Frage des Leids: »Die Unbegreiflichkeit des Leids ist ein Stück an der Unbegreiflichkeit Gottes.« (Ebd., S. 463) Und die Unbegreiflichkeit des Leids anzunehmen ist für ihn »die konkrete Weise, in der wir Gott selbst annehmen und Gott sein lassen«. (Ebd., S. 465) Rahner erzählt vom Besuch Walter Dirks' beim todkranken Romano Guardini. Dieser sagte seinem Freund auf dem Sterbebett, er werde sich im Letzten Gericht nicht nur von Gott fragen lassen, er werde auch selber die Frage stellen, auf die ihm weder die Bibel noch die kirchliche Dogmatik eine Antwort gegeben haben:

»Warum, Gott, zum Heil die fürchterlichen Umwege, das Leid der Unschuldigen, die Schuld?« (Ebd., S. 465) Rahner ist überzeugt, dass wir letztlich erst in der Begegnung mit Gott im Tod die Antwort auf unsere Frage nach dem Leid erhalten werden. Und die einzige Antwort wird für ihn »der unbegreifliche Gott in seiner Freiheit« sein. Und er schließt seine Überlegungen zu der Frage, warum uns Gott leiden lasse, mit den Worten: »Es gibt kein seliges Licht, das die finstere Abgründigkeit des Leides erhellt, als Gott selbst. Und ihn findet man nur, wenn man hebend Ja sagt zur Unbegreiflichkeit Gottes selbst, ohne die er nicht Gott wäre.« (Ebd., S. 466)

Für mich ist diese Antwort Rahners die einzige theologische Antwort, die mich zufriedenstellt. Immer wenn wir zu einfach und zu glatt von Gott reden, verletzen wir die Menschen, die am Leid zerbrechen. Letztlich bleibt Gott genauso unbegreiflich wie das Leid. Das gilt auch für unser Sprechen vom Menschen. Wenn wir meinen, wir bräuchten nur positiv zu denken, dann kämen wir auch mit dem Leid zurecht, werden wir dem Menschen mit seinem abgrundtiefen Geheimnis nicht gerecht. Ich habe junge Menschen erlebt, die Suizid begehen wollten, weil sie sich als Versager vorkamen in einer Welt, in der alles aufgeht, in der man sich nur anzustrengen oder nur positiv zu denken braucht, damit das Leben gelingt. Es gilt jedoch, die Unbegreiflichkeit des Leids auszuhalten und darin den unbegreiflichen Gott und das Geheimnis des Menschen anzunehmen. Indem ich mich in das unaussprechliche und unbegreifliche Geheimnis Gottes hinein ergebe, ohne dass ich ihn verstehe, geht mir irgendwann der ganz andere Gott auf. Und dann höre ich auf zu fragen, warum Gott das Leid zulässt. Ich schaue nur noch hinein in den dunklen Abgrund Gottes,

um darin das Licht seiner Liebe zu entdecken, die mein Fragen
verstummen lässt.

Das Leid in den Weltreligionen

Andere Religionen geben andere Antworten auf die Frage des
Leids. Der Buddhismus lehrt beispielsweise: Die Ursache allen
Leids ist die Berührung mit der Welt. Wir müssen uns von der
Welt frei machen, dann sind wir frei vom Leid. Nur der, der am
Leben hängt, wird durch die Krankheit Leid erfahren. Nur wer
sich an seinem Besitz und an seiner Gesundheit festklammert,
erlebt den Verlust als Leid. Wer die Berührung mit der Welt
aufgehoben hat, durch Meditation und durch Askese, den ficht
das Leid nicht mehr an. In diesem Sinne kennt der Buddhismus
fünf Arten des Leids: Alter, Krankheit, Tod, Getrenntsein,
Erfolglosigkeit. Sie wurzeln alle in der Lebensgier. Daher besteht der buddhistische spirituelle Weg darin, durch Leiden-
schaftslosigkeit die Gier zu unterdrücken und auf diese Weise
das Leiden aufzuheben.

Allerdings gibt es im Mahayana-Buddhismus noch eine andere Auffassung vom Leiden: Die vielen Bodhisattvas, die sich
vom Leiden befreit haben, leiden mit den Menschen, die noch
vom Leid bedrängt werden, und helfen ihnen, durch ihr Mitleid den Weg zur Überwindung des Leidens zu finden. Letztere
Antwort gleicht der Jesu, der ja auch mit uns leidet, damit wir
unser Leiden zu bestehen vermögen.

Der Hinduismus sieht im »Sonder-Sein der Wesen« die Ursache
allen Leidens. Daher soll der Mensch sein Getrenntsein von

Gott aufgeben und eins werden mit Gott und mit allem, was ist. Das individuelle Atman soll aufgehen im göttlichen Brahman. Dadurch wird das Leid aufgehoben. Die Wege des Yoga dienen dazu, den Menschen mit dem göttlichen Brahman zu vereinen.

Diese Antwort greift auch die christliche Mystik auf, wenn sie den Menschen zum Einssein in Gott führen möchte. Allerdings hebt die christliche Mystik das Leid nicht auf, sondern sie hebt es in Gott empor. Das Leiden wird zu einem Weg in die Liebe Gottes hinein. Auf keinen Fall will die christliche Mystik aber das Leid verharmlosen, als ob es in der Erfahrung des Einsseins mit Gott aufgehoben wäre. Es tut auch dann noch weh, wenn ich mich mit meinem Leid mit Gott eins fühle. Und trotz der Erfahrung der Einheit allen Seins kann mich das Leid an meine Grenze führen und in die Angst, daran zu zerbrechen.

Die Juden rangen in ihrer Geschichte immer um die Frage des Leids. Für die frommen Beter der Psalmen bedeutete es eine große Anfechtung, dass es den Frevlern so gut ging und den Frommen so schlecht. Der Beter von Psalm 73 gibt zu, dass er beinahe in seinem Glauben gestrauchelt wäre, als er sah, dass es den Frevlern so gut ging: »Sie kennen nicht die Mühsal der Sterblichen, sind nicht geplagt wie andere Menschen.« (Ps 73,5) Doch dann erkennt er, dass sie auf schlüpfrigem Grund stehen: »Sie werden plötzlich zunichte, werden dahingerafft und nehmen ein schreckliches Ende.« (Ps 73,19) Und schließlich bekennt er: »Ich aber bleibe immer bei dir, du hältst mich an meiner Rechten.« (Ps 73,23) Tatsächlich bleibt Gott auch bei ihm, wenn er leidet, ja selbst, wenn er stirbt. Das genügt dem Frommen.

Im Buch Hiob geht es durchgängig um die Frage des Leidens. Für die Freunde Hiobs weist das Leid immer auf eine Schuld beim Menschen hin. Dagegen wehrt sich jedoch Hiob. Er hat sich redlich bemüht, vor Gott gerecht und richtig zu leben. Er schreit seinen Schmerz Gott gegenüber heraus. Er klagt und weint. Er macht Gott bittere Vorwürfe. Doch am Ende ergibt er sich in die Unbegreiflichkeit Gottes. Gott erscheint ihm in der Größe der Schöpfung. Und hier kann er sich nur verneigen vor dem unendlich großen Gott.

Die Geschichte des Judentums war immer geprägt von der Frage nach dem Leid. Das Volk hat sehr viel Leid erlitten. Aber es hat nie aufgegeben, an Gott festzuhalten und Gott zu preisen. Ein Frommer betet: »Ich halte an dir fest, mein Gott, selbst wenn du mich vernichtest.« Die Juden sehen Gott als Ursache des Leids an. Von ihm kommt alles, das Gute und das Böse. Und wir sollten beides aus Gottes Hand entgegennehmen: »Gott hat Wunden gerissen, er wird uns auch heilen; er hat verwundet, er wird auch verbinden.« (Hos 6,1)

Der Islam dagegen stellt hier die Frage nach Gott überhaupt nicht. Für ihn ist alles Schicksal. Er antwortet auf alles, was dem Menschen an Leid widerfahren kann, mit dem stereotypen Satz: »Allah hat es so gewollt.« Das bedeutet, wenn Allah es so will, dann muss sich der Mensch einfach fügen. Er darf die Frage nach dem Warum gar nicht stellen. Ihm bleibt nur, sich in sein Schicksal zu fügen und den unerklärlichen Willen Gottes anzunehmen. Gott allein weiß, wozu alles gut ist. Der Mensch soll dem Willen Gottes vertrauen. Leidvolle Erfahrungen gelten im Islam als Prüfung und manchmal auch als gerechte Strafe, die uns trifft, damit wir uns bekehren.

Im Sufismus bekommt das Leiden eine neue Bedeutung. Dort gibt es eine eigene Leidensmystik, die allerdings offensichtlich durch das christliche Mönchtum beeinflusst ist. Die Liebe zu Gott findet ihre Krönung in der Bereitschaft zum Leiden. Ein persischer Mystiker meint, das Leiden sei Gott selbst. »Solche Gedanken haben die Mystiker dazu geführt, willig alle Heimsuchungen auf sich zu nehmen, die sogar als Zeichen besonderer Güte Gottes angesehen wurden.« (Schimmel, 1992, 198f, LThk 782)

Wir Christen stellen durchaus die Frage nach dem Warum. Wir wissen uns mit unserer bohrenden Warumfrage in guter Gesellschaft. Denn Jesus hat am Kreuz selber die Frage herausgeschrieen: »Mein Gott, mein Gott, warum hast du mich verlassen?« (Ps 22) Wir dürfen die Frage nach dem Warum stellen. Nur dürfen wir keine theoretische Antwort darauf erwarten. Jesus hat auch keine Antwort auf seine Frage bekommen. Doch er hat am Kreuz den Psalm 22 weitergebetet. Er hat sich nach seinem Schrei der Verlassenheit hineingerungen in das Vertrauen: »Er hat nicht verachtet, nicht verabscheut das Elend des Armen. Er verbirgt sein Gesicht nicht vor ihm; er hat auf sein Schreien gehört.« (Ps 22, 25) In der Ruferweckung hat Gott ihn gehört. Da hat er sein Gesicht nicht vor ihm verborgen, sondern ihn aufgerichtet. Die Auferstehung Jesu ist letztlich die existenzielle Antwort Gottes auf die Warumfrage am Kreuz. Wir können nur immer wieder Kreuz und Auferstehung Jesu meditieren, um unsere Frage nach dem Warum auf eine andere Ebene zu heben.

Jesu Antwort auf das Leid

Ich treffe immer wieder Menschen, die mit Jesus wenig anfangen können. Einen Vorwurf höre ich immer wieder: Jesus wird uns immer als der Leidende vor Augen gestellt. Wenn du, liebe Leserin, lieber Leser, selbst mit Leid konfrontiert bist, siehst du den leidenden Jesus vielleicht mit neuen Augen. Vielleicht entdeckst du in ihm seine große Solidarität mit dir selbst in deinem Leiden. Vielleicht suchst du bei ihm nach einer Antwort auf deine Leiderfahrung. Doch Jesus hat nicht theoretisch über das Problem des Leidens nachgedacht und keine Lehre über das Leid entwickelt, die du getrost nach Hause tragen könntest. Du wirst kaum Worte bei ihm finden, die dir Antwort auf deine Fragen geben. Du kannst nur in seinem Leben selbst eine Antwort auf die Frage des Leids sehen. Die Bibel gibt uns eine Reihe an Beispielen, an denen Jesu Umgang mit dem Leid plastisch wird:

Die erste Antwort auf das Leid gibt Jesus zum Beispiel dadurch, dass er sich gerade den Armen und Leidenden zuwendet. Er weiß sich von Gott in erster Linie zu den Armen gesandt, um ihr Leid zu wenden. In der Synagoge von Nazareth bezieht er die Worte des Propheten Jesaja auf sich: »Der Geist des Herrn ruht auf mir; denn der Herr hat mich gesalbt. Er hat mich gesandt, damit ich den Armen eine gute Nachricht bringe; damit ich den Gefangenen die Entlassung verkünde und den Blinden das Augenlicht; damit ich die Zerschlagenen in Freiheit setze und ein Gnadenjahr des Herrn ausrufe.« (Lk 4,18f) Drei Weisen von Leid nennt Lukas hier: die Gefangenschaft, die Blindheit und das Zerschlagensein. Es sind drei wesentliche Leiderfahrungen, die wir heute nach wie vor antreffen; es ist die Gefangenschaft durch innere Zwänge. Zwänge und Süchte stellen heute für viele Menschen ein Leid dar, das sie oft zerbricht und aus dem sie nicht aus eigener Kraft herauskommen. Blindheit entspricht dem Leiden an der Sinnlosigkeit, das vor allem der Begründer der Logotherapie, Viktor E. Frankl, als das eigentliche Leiden unserer Zeit diagnostiziert hat.

Zerschlagen fühlen sich alle, die von einem Schicksalsschlag getroffen sind, vom Tod lieber Menschen, durch einen Unfall, durch eine Naturkatastrophe oder durch eine unheilbare Krankheit. Jesus fühlt sich besonders zu den Leidenden gesandt, um ihnen eine frohe Botschaft zu verkünden und ein Gnadenjahr auszurufen. Doch was hat Jesus den Leidenden zu sagen? Vor allem spricht er ihnen die Nähe Gottes zu. Sie sind nicht von Gott alleingelassen. In Jesus kommt Gott selbst auf die Menschen zu, um sie zu heilen und zu trösten. Jesus zeigt sich gerade im Lukasevangelium als der Arzt, der sich den Kranken und Leidenden zuwendet und ihre Wunden heilt, der die Gebeugten aufrichtet und die Blinden sehend macht. Das Gnadenjahr, das Jesus ausruft, wird durch seine Zuwendung zu den Kranken und Leidenden Wirklichkeit. Da wird Gottes Gnade, seine zärtliche Liebe zu den Armen erfahrbar. Dieses Gnadenjahr, von dem Lukas spricht, soll in jedem Kirchenjahr vergegenwärtigt werden, sodass »heute« an uns geschieht, was Jesus damals für die Armen getan hat.

Das Lukasevangelium schildert außerdem, dass Jesus gerne am Sabbat heilt. Damit drückt er in besonderer Weise aus, dass er den Menschen wieder so herstellen will, wie Gott ihn am Anfang geschaffen hat, in seiner ursprünglichen Würde und Schönheit: Die gekrümmte Frau richtet sich am Sabbat wieder auf, um Gott zu loben. (Lk 13,10–17) In seinen Wunderheilungen lässt Jesus jetzt schon das Reich Gottes für die Menschen gegenwärtig sein. Und indem er die Dämonen »durch den Finger Gottes« austreibt, »ist das Reich Gottes schon zu euch gekommen«. (Lk 11,20) Indem er die Menschen befreit von trüben Geistern, die sie gefangen halten und ihr Denken trüben, macht er für sie das Reich Gottes erfahrbar. Da herrschen im Menschen nicht mehr trübe Geister, sondern Gott selbst. Und wenn Gott im Menschen herrscht, dann ist er frei vom Leid der Krankheit oder Besessenheit, dann richtet er sich auf und freut sich an seinem ursprünglichen Glanz. Die wohl eindringlichste Antwort auf das Leid der Menschen hat Jesus gegeben, indem er selbst das Leid auf sich genommen hat. Er ist gleichsam in das menschliche Leid hineingegangen. Manche fragen, was sich Jesus wohl gedacht hat, als er sich dem Leiden unterworfen hat. Diese Leute meinen, Gott habe seinen Sohn geopfert, um unsere Sünden zu tilgen. Doch woher wissen sie das? Letztlich können wir nicht wissen, warum der Weg Jesu durch das Leiden und das Kreuz ging. Wir können Jesus nicht in die Karten schauen und seine Gründe erkennen, die ihn dazu getrieben haben, dem Leid gerade nicht auszuweichen, sondern es durchzustehen. Wir wissen auch nicht, was Gott sich dabei gedacht hat, dies zuzulassen. Wir kennen Gottes Gedanken nicht. Paulus ruft im Römerbrief aus: »Wie unergründlich sind seine Entscheidungen, wie unerforschlich seine Wege! Denn wer hat die Gedanken des Herrn erkannt? Oder wer ist sein Ratgeber gewesen?« (Röm 11,33f)

Grundsätzlich heißt Theologie nicht, sich über Gott zu stellen und Gottes Gedanken zu erkunden. Manchmal hat man den Eindruck, dass einige Theologen Gott in ihr eigenes Gedankensystem hineinzwingen. Sie wissen scheinbar besser, was

Gott denkt, als es uns Gott selbst in seiner Offenbarung hat wissen lassen. Wir können nur im Nachhinein das Geschehene deuten und verstehen.

Die biblischen Schriftsteller haben versucht, den Weg Jesu durch das Leiden über das Kreuz zur Auferstehung zu verstehen und zu deuten. Dabei hat jeder Evangelist die Passion auf seine eigene Weise gedeutet – und zwar so, dass wir uns in ihrer Deutung wieder finden können. Die Evangelisten haben die Passion jeweils auch auf dem Hintergrund ihrer eigenen Leiderfahrungen beschrieben, und sie haben damit eine Antwort gegeben auf die Fragen der Christen, die sich damals vielen Bedrängnissen von Seiten des römischen Staates und seiner Behörden ausgesetzt sahen. Die Passionserzählungen der Evangelien können auch uns heute helfen, das Leid, das uns immer wieder trifft, zu bewältigen. So möchte ich dich, liebe Leserin, lieber Leser, einladen, die Leidensgeschichte Jesu im Licht deiner eigenen Erfahrung mit neuen Augen anzuschauen. Vielleicht findest du darin einen Weg, wie du in Gemeinschaft mit Jesus dein eigenes Leid bestehen kannst.

Jesus hat gelitten. Das berichten alle vier Evangelien. Er ist von einem seiner Jünger verraten und von den anderen verlassen worden. So im Stich gelassen, wird er vor dem jüdischen Gerichtshof verhört und dann an die Römer überliefert. Von der römischen Soldateska wird er verhöhnt und gegeißelt. Man schlägt ihn brutal zusammen und kreuzigt ihn schließlich auf grausame Weise. Mit einem Schrei auf den Lippen stirbt er einsam am Kreuz. Jesus hat in einer ungerechten Welt das erlitten, was heute zahlreiche politisch Verfolgte in ähnlicher Weise erleiden. Er hat uns aber nicht belehrt, warum wir das Leiden auf uns nehmen sollen. Er hat uns auch nicht gesagt, warum er dem Leiden nicht ausgewichen ist. Wir können nur versuchen, das, was geschehen ist, zu verstehen. Und wir können versuchen, die Deutung der vier Evangelisten zu verstehen und auf unser eigenes Leben hin fruchtbar werden zu lassen.

Markus, der sein Evangelium als Erster geschrieben hat, hat der Passionserzählung einen unverhältnismäßig großen Raum eingeräumt. Der Evangelist sieht Jesus im ersten Teil als den erfolgreichen Heiler und Exorzisten, wenn Jesus mit Vollmacht die Dämonen austreibt. Im zweiten Teil liefert sich Jesus dann aber ohnmächtig der Macht der Finsternis aus. Da wagt er sich hinein in die Macht des Bösen, in die Hände grausamer Menschen. Der erste Teil beschreibt Jesus in seiner Vollmacht, in seinem Erfolg und im großen Zulauf, den er verursacht. Im zweiten Teil erleben wir Jesus in Hilflosigkeit. Da wirkt er keine Wunder mehr. Doch gerade hierin besteht das Paradox: Mit seiner Ohnmacht und seiner Liebe, die auf alle äußere Macht verzichtet, besiegt er die Macht der Dämonen. Gerade dort, wo die Dämonen sich am grausamsten austoben, werden sie entmachtet und besiegt. Im Römischen Reich hatten die Menschen zu der Zeit, als Markus sein Evangelium schrieb, das Gefühl, in einer brüchigen Welt zu leben, die durch Dämonen beherrscht wird und jederzeit vom Untergang bedroht ist. In diese brüchige Welt, geprägt von politischen Intrigen, von Neid und Missgunst, von Gewalt und Brutalität, ist Jesus in seinem Leiden eingetaucht, um sie zu heilen.

Das Leid hat demnach also die Wirkung, das Dunkle dieser Welt auszuleiden und gleichsam durch Liebe zu verwandeln. Das Leiden, das scheinbar passiv ist – nicht umsonst sprechen wir von der Passion –, ist in Wirklichkeit ein Kampf gegen das Dunkle und Dämonische, gegen die Macht des Bösen. Es besiegt die Dämonen, die den Menschen davon abhalten wollen, sein Leben zu leben und sich Gott zu öffnen. Im Leiden – so versteht es wohl auch der Evangelist Markus – tauchen wir ein in die Dunkelheit dieser Welt. Aber wenn wir das Leiden wie Jesus mit Liebe auf uns nehmen, besiegen wir die Macht der Finsternis. Da wird die Erfahrung der tiefsten Ohnmacht zum Erlebnis der größten Macht. Und der laute Schrei Jesu am Kreuz ist kein Schrei der Verlassenheit, sondern ein Siegesschrei über die Macht der Dämonen. Auf seinen Schrei hin reißt der Vorhang des Tempels entzwei. Da wird der Zugang zu Gott für alle möglich – selbst für die Gescheiterten, selbst für die, die sich verlassen und von den Frommen ausgestoßen fühlen. Das Leid – so zeigt es uns die Passionserzählung des Markus – vermag die Dämonen dieser Welt zu entmachten, die Dunkelheit zu überwinden und die Welt des Bösen zu verwandeln. Vielleicht möchte man nun antworten, Gott müsste dann einen jeden von seinem Leid befreien und heilen. Aber manchmal bleibt uns nichts anderes übrig, als mit Jesus in unsere Krankheit und in unser Leid hineinzugehen, es in Ohnmacht und Hilflosigkeit auszuleiden. Dann wird es von innen her anders. Dann werden wir gerade im Leid durchlässig für Gott. Jesu Schicksal nimmt uns die Illusion, als ob Gott uns von allem Leid befreien würde. Gott befreit uns nicht. Aber er stärkt uns – wie seinen Sohn Jesus Christus –, dass wir das Dunkle und Unbegreifliche unseres Leids mit der Ohnmacht der Liebe ausleiden und so in einen Ort tiefer Gotteserfahrung verwandeln.

Die Sichtweise, mit der Markus die Passion Jesu erzählt, taucht wieder auf in einem Brief, den Teilhard de Chardin, der große Naturforscher und Theologe, an seine schwer kranke Schwester Marguerite-Marie geschrieben hat. Während Teilhard durch die Welt gereist ist und viele wichtige Forschungen durchgeführt hat, war seine Schwester ihr Leben lang ans Krankenbett gefesselt. Doch gerade dadurch hat sie – so meint ihr Bruder – für die Verwandlung der Welt mehr geleistet als er mit seinen vielen Forschungserfolgen. Denn sie hat in der Tiefe das Dunkle dieser Welt erhellt und das Erstarrte durch Liebe zum Leben gebracht. Im Vorwort zur Biografie seiner im Jahre 1936 verstorbenen Schwester schreibt Teilhard: »Während ich im Dienst der positiven Kräfte des Universums Länder und Meere durcheilte, leidenschaftlich bemüht, alle Tönungen der Erde zu beobachten, hast Du, bewegungslos auf Dein Lager hingestreckt, in der Tiefe Deines Wesens das schlimmste Dunkel der Welt in Licht umgewandelt. Sage mir, Marguerite, wer von uns beiden hat nun in den Augen des Schöpfers den besseren Teil erwählt?« Teilhard de Chardin hat Gott vor allem im Leben und durch das Leben erfahren. Doch er stellt sich selbst die Frage: »Aber ist Gott auch in jedem Tod und durch jeden Tod zu finden? Das ist letztlich die Frage, die jeden Menschen verwirrt. Und doch werden wir lernen müssen, auch das mit geübtem und erfahrenem Blick zu erkennen, sonst bleiben wir gerade für das spezifisch Christlichste im christlichen Denken blind – und gehen der Berührung mit Gott auf einer der ausgedehntesten und empfänglichsten Seiten unseres Lebens verlustig.« (Teilhard de Chardin, Der göttliche Bereich, S. 78) Für Teilhard besteht das Wesen des Christlichen darin, dass wir den Tod übersteigen, »indem wir in ihm Gott entdecken«. Dann – so meint er – werden wir das Göttliche in unserem Herzen finden. Jesu Tod und Auferstehung zeigen uns: »Christus hat den Tod überwunden, indem er nicht nur dessen Missetaten Einhalt gebot, sondern seinen Stachel umkehrte. Kraft der Auferstehung führt nichts mehr unausweichlich zum Tode. Alles ist fähig, für unser Leben zur gesegneten Berührung der göttlichen Hände, zum gesegneten Einfluss des göttlichen Willens zu werden.« (Ebd., S. 81) Mit diesen Gedanken hat Teilhard die Sicht des Markusevangeliums von Tod und Auferstehung in unsere heutige Zeit übersetzt. Teilhard ermutigt uns, gerade im unaussprechlichen Leid Gott zu entdecken. Das fällt uns sicher oft sehr schwer. Und manch einer weigert sich, gerade dort Gott zu suchen. Aber – so zeigt uns das Markusevangelium – gerade am Ort der größten Niederlage, am Kreuz, steht uns der Zugang zu Gott offen. Der Vorhang des Tempels zerreißt, und wir sind Gott näher als jemals zuvor.

Der Evangelist Matthäus verzichtet darauf, das Leid Jesu zu deuten. Er beschreibt auf der einen Seite ganz nüchtern das Leid, ohne es zu interpretieren. Gott scheint dem leidenden Jesus fern zu sein. Er greift nicht ein. Er verhindert das Leiden nicht. Das Leiden Jesu scheint sinnlos zu sein. Doch wenn wir die Passionsgeschichte nach Matthäus genauer anschauen, erkennen wir Ansätze zu einer Deutung. Am Ölberg beschreibt er, wie Jesus mit Gott ringt und seinen Vater bittet, dass der Kelch des Leidens an ihm vorübergehen möge. Letztlich aber überlässt er sich Gottes Willen. Im Gebet erkennt er, dass dieser Kelch nicht an ihm vorübergehen kann, ohne dass er ihn trinkt. Und so ergibt er sich in Gottes Willen. (Mt 26,42) Wie er seine

Jünger im Vaterunser zu beten gelehrt hat, so betet er selbst: »Dein Wille geschehe!« Heißt das, dass das Leiden Gottes Wille ist? Dies dürfen wir sicher nicht in dieses Gebet hineinlesen. Jesus erkennt vielmehr im Gebet, dass er dem Leid nicht aus dem Weg gehen darf. Er würde sonst seine Solidarität mit den Jüngern aufkündigen. Er würde sich zwar selbst in Sicherheit bringen, seiner Botschaft damit aber die Konsequenz und Klarheit nehmen. Für Jesus besteht in dieser konkreten Situation der Wille Gottes darin, sich dem Leiden nicht zu entziehen, sondern es durchzustehen. Für Matthäus wird Jesus gerade dadurch zum glaubhaften Lehrer, der selbst vorlebt, was er den Jüngern verkündet hat.

Jesus lädt uns ein, gegen das Leid zu rebellieren und mit Gott darum zu ringen, dass der Kelch an uns vorübergeht. Doch oft bleibt uns dann nichts anderes übrig, als uns mit Jesus in Gottes unbegreiflichen Willen zu ergeben und darauf zu vertrauen, dass Gott auch im Leid seine Hand über uns hält und uns nicht aus seiner Hand fallen lässt.

Um zu dokumentieren, dass die Passion Jesu nicht das Scheitern seiner Sendung bedeutet, sondern gottgemäß ist, zitiert Matthäus immer wieder Stellen aus den Psalmen. Sowohl beim Verrat durch Judas als auch auf dem Weg zum Ölberg flicht er Stellen aus dem Propheten Sacharja ein, um das Geschehen der Passion zu deuten. In der Passion Jesu wird erfüllt, was die Propheten vorhergesagt haben. In dem scheinbaren Unheil geschieht die Heilung des Volkes. Jesus wird verraten. Aber Gott wendet diesen Verrat in Segen für die Menschen. Gott greift während dieses grausamen und scheinbar sinnlosen Leidens nicht ein. Erst als Jesus stirbt, reagiert die Erde, die sich während Jesu Todeskampf verdunkelt. Jesus erlebt in seinem Sterben die Finsternis aller Menschen, die Finsternis des Bösen und die Sinnlosigkeit des Leidens. Sofort nach seinem Tod entsteht ein Erdbeben, die Felsen bersten entzwei und viele Tote stehen aus den Gräbern auf. In dieser Reaktion des Kosmos gibt Gott eine Antwort auf das Leiden Jesu. Das verhärtete Herz der Menschen bricht entzwei. Die Erde bebt und bekennt, dass in diesem Jesus Gott selbst das Leid durchgestanden und verwandelt hat. Der Vorhang im Tempel reißt entzwei. Jetzt haben alle Zutritt zum Allerheiligsten, zu Gott, in dem wir heil und ganz werden können. Das Leiden Jesu öffnet unsere verschlossenen Herzen für Gott. Gott bestätigt seinen Sohn in der Auferstehung. Da zeigt er, dass auch das grausamste Leid, dass auch der gewaltsame Tod nicht das letzte Wort sind. Jesus wird auch im Leid nicht aus der Hand Gottes fallen, selbst wenn er sie nicht mehr spürt.

Matthäus hat das Problem des Leids im Übrigen nicht erst in seiner Passionsgeschichte behandelt. Immer wieder schildert er Situationen, in denen die Menschen mit Leid konfrontiert werden. Für ihn kommt es im Leiden darauf an, fest zu glauben. Doch unser Glaube ist oft zu klein. In der Geschichte vom Seesturm droht Petrus in den Fluten des Wassers zu versinken, weil er zu sehr auf die Wellen und den Sturm achtet. Je mehr wir fixiert sind auf das Leid, das uns widerfährt, desto mehr versinken wir darin. Es braucht den Blick auf Jesus. Jesu Antwort auf die Angst der Jünger, unterzugehen, heißt: »Habt Vertrauen, ich bin es; fürchtet euch nicht!« (Mt 14,27) Und die Antwort an Petrus gilt auch uns, wenn wir im Leiden zu verzagen drohen: »Du Kleingläubiger, warum hast du gezweifelt?« (Mt 14,31) Bei Matthäus geht es nicht um die Frage Glaube oder Unglaube, sondern schwacher Glaube und starker

Glaube. Wir brauchen einen starken Glauben, um im Leid bestehen zu können.

Die Antwort, die Matthäus uns auf die Frage des Leidens gibt, taucht am Anfang des Evangeliums auf und beendet auch seine Frohe Botschaft von Jesus Christus: Jesus Christus ist der Immanuel, der Gott mit uns. So verkündet es der Engel dem Joseph vor der Geburt Jesu. Und am Ende verheißt der Auferstandene seinen Jüngern: »Seid gewiss: Ich bin bei euch alle Tage bis zum Ende der Welt.« (Mt 28,20)

Jesus wird schon von Geburt an mit dem Leid konfrontiert. Herodes gibt den Befehl, ihn zu töten. Da Joseph auf Geheiß des Engels mit Maria und dem Kind nach Ägypten flieht, lässt Herodes alle Knaben im Alter bis zu zwei Jahren töten. Das scheint ein sinnloses Leiden zu sein. Warum müssen die Kinder leiden? Matthäus gibt darauf keine Antwort. Er sieht in dem Leid nur die Erfüllung dessen, »was durch den Prophet Jeremia gesagt worden ist: Ein Geschrei war in Rama zu hören, lautes Weinen und Klagen; Rahel weint um ihre Kinder und wollte sich nicht trösten lassen, denn sie waren dahin«. (Mt 2,17f) Er rechnet damit, dass solches Leid geschieht. Aber mitten im Leid beginnt die Geschichte des Heils. Jesus wächst in der Fremde heran und wird zum wahren Erlöser und Heiland. Im Tod Jesu am Kreuz vollendet sich das Leid, das mit seiner Geburt begonnen hat. Warum das so sein muss, erfahren wir von Matthäus nicht. Aber der Evangelist ist überzeugt, dass Gott mitten in diesem Leid das Heil und die Erlösung für uns alle wirkt. Gott bestätigt den leidenden Jesus am Kreuz durch die Reaktion des ganzen Kosmos. Und er bestätigt ihn in der Auferstehung. So wird Gott auch uns Menschen nicht einfach vom Leid befreien. Aber die Jesusgeschichte zeigt uns, dass Gott mitten in unserem Leiden schon das Heil wirkt und dass Gott uns spätestens im Tod zeigen wird, dass er uns nicht alleingelassen hat, sondern immer bei uns war in Jesus Christus, dem Immanuel, der unser Leid jetzt schon wendet und im Tod für immer aufhebt.

Lukas, der sein Evangelium im Kontext der griechischen Philosophie schreibt, zeichnet Jesus in seinem Leiden als den wahrhaft gerechten Menschen, der die Verheißung der griechischen Philosophie nach dem gerechten, richtigen Menschen erfüllt. Schon für Platon, den größten Philosophen Griechenlands, war klar, dass in unserer ungerechten, von Intrigen geprägten Welt ein wahrhaft gerechter Mensch nicht ungeschoren davonkommt. Man wird ihn aus der Stadt treiben, weil er unsere ungerechten Kreise stört. Man wird ihn blenden und schließlich am Kreuz töten.

Jesus erfüllt die Sehnsucht der Griechen nach dem wahrhaft gerechten Menschen. Er zeigt, dass er sich durch das Leiden nicht von Gott und vom rechten Weg abhalten lässt. Er geht seinen Weg bis ans bittere Ende. Selbst am Kreuz betet er noch für seine Feinde. Und betend lässt er sich im Tod in Gottes liebende Hände fallen. Das Leiden Jesu ist für Lukas wie ein griechisches Schauspiel, wie eine Tragödie, in der der Held stirbt. Doch die Zuschauer werden durch dieses Schauspiel verwandelt. Das Schauspiel führt für die Griechen zur Katharsis, zur Reinigung der Emotionen, zur seelischen Heilung des Menschen. Das schildert Lukas auch beim Tod Jesu: »Alle, die zu diesem Schauspiel herbeigeströmt waren und sahen, was sich ereignet hatte, schlugen sich die Brust und gingen betroffen weg.« (Lk 23,48) Indem sie sich an die Brust klopfen, kommen sie mit ihrem göttlichen Kern in Berührung und gehen innerlich verwandelt nach Hause. Lukas zeigt uns, wie Jesus das Leiden bewältigt: aufrecht, als gerechter Mensch, der sich nicht von seinem Weg der Gerechtigkeit und der Liebe abbringen lässt. Und als Mensch, der seine Liebe durchhält bis zuletzt. Der Hauptmann erkennt in diesem sterbenden Jesus den Gerechten, auf den die Griechen schon immer gewartet haben. Wer auf diesen Jesus schaut, der erkennt, wozu ein Mensch fähig ist, dem geht das Geheimnis des gerechten, des richtigen, des wahren Menschen auf. Das Schauen auf die Passion Jesu führt ihn zu einem neuen Verstehen des Leidens. Und dieses verstehende Schauen verwandelt den Menschen und erlöst ihn aus aller Sinnlosigkeit. Indem wir auf Jesus am Kreuz schauen, vermögen wir anders mit unserem eigenen Leiden umzugehen.

Für Lukas sind Tod und Auferstehung Jesu die Erfüllung dessen, »was im Gesetz des Mose, bei den Propheten und in den Psalmen über mich gesagt ist«. (Lk 24,44) Tod und Auferstehung Jesu sind die Zusammenfassung der ganzen Heiligen Schrift. Darin wird offenbar, was Gott auch in der Geschichte Israels immer wieder gewirkt hat: dass er Erstarrtes zu neuem Leben weckt, die Dunkelheit erhellt, Fesseln löst, Versinkende errettet, Kranke heilt und Tote lebendig macht. In der Auferstehung Jesu erhört Gott auch unser Schreien und unser Beten, dem der Psalmist die Worte leiht: »Entreiß mich dem Sumpf, damit ich nicht versinke. Zieh mich heraus aus dem Verderben, aus dem tiefen Wasser! Lass nicht zu, dass die Flut mich überschwemmt, die Tiefe mich verschlingt, der Brunnenschacht über mir seinen Rachen schließt.« (Ps 69,15f)

Tod und Auferstehung Jesu zeigen, dass es nichts gibt, was Gott nicht zu wandeln vermag, dass es kein Grab gibt, in dem nicht das Leben herrscht, keine Dunkelheit, die nicht erleuchtet, keine Not, die nicht gewendet, keine Verzweiflung, die nicht zur Hoffnung werden kann. In Tod und Auferstehung Jesu dürfen wir erkennen, dass es nichts gibt, was uns zu scheiden vermag »von der Liebe Gottes, die in Christus Jesus ist, unserem Herrn«. (Röm 8,39) Lukas lädt dich, liebe Leserin, lieber Leser, ein, dein eigenes Schicksal im Schauspiel des Lebens Jesu wiederzufinden. Er gibt dir keine Erklärung für dein Leiden, aber indem du auf die Tragödie schaust, die das Evangelium dir vor Augen führt, möchte er deine Emotionen reinigen, deine Trauer verwandeln, deine Verzweiflung aufbrechen und deine Wut in neue Kraft zum Leben wenden.

Johannes schildert Jesus in seinem Leiden voller Hoheit. Ihn scheint das Leiden gar nicht anzufechten. Er ist der eigentlich Handelnde. Auch wenn er nach außen grausam stirbt, so kann dieser Tod Jesus nichts anhaben. Zwei Deutungsmuster sind dem Johannesevangelium wichtig. Zum einen ist dies der Gedanke: »Mein Königtum ist nicht von dieser Welt.« (Joh 18,36) Auch wenn die Römer Jesus geißeln und ihn grausam ans Kreuz schlagen, können sie ihm seine königliche Würde nicht nehmen. Das ist auch ein Bild für uns: Wir können dem Leid nicht völlig aus dem Weg gehen; irgendwann wird es uns treffen. Doch wenn es uns trifft, kann es uns die königliche Würde nicht nehmen. Es gibt in uns ein Königreich, einen inneren Raum der Stille, in dem Gott in uns wohnt, in dem uns niemand verletzen kann. Das Leid kann uns zwar emotional und körperlich verletzen und beeinträchtigen, unser Königtum, unsere wahre Würde, kann es nicht zerstören. Die ist unzerstörbar, weil sie göttlich ist, weil sie nicht von dieser Welt ist.

Das ist die frohe Botschaft des Johannesevangeliums. In diesem Sinne kann man einmal versuchen, mitten im Leid aufrecht durch den Wald zu gehen und sich selbst dabei immer wieder vorzusagen: »Mein Königtum ist nicht von dieser Welt.« Vielleicht erahnst du, liebe Leserin, lieber Leser, dann, dass dich das Leid nicht zerbrechen wird. Es hat dir zwar deine Kraft genommen, die Trauer hat dich niedergedrückt, aber mitten in dieser Schwäche, in diesem Gebeugtsein, in dieser Einsamkeit gibt es etwas, das in dir nicht zerstört werden kann. Es ist deine königliche Würde. Es ist das Königtum, der innere Raum, in dem Gott in dir wohnt und herrscht. Dort, wo Gott in dir ist, kann dir das Leid nichts anhaben. Es wird deine Emotionen verdunkeln, deinen Geist verwirren. Aber den innersten Kern wird es nicht angreifen. Der ist ein Königtum, das nicht von dieser Welt ist. Daher hat die Welt mit all dem Leid und all den Schicksalsschlägen keine Macht über dein inneres Königtum.

Die zweite Botschaft des Johannes ist, dass Jesus uns im Kreuz bis zur Vollendung geliebt hat. Das Leid ist also für Jesus Ausdruck seiner Liebe, Höhepunkt seiner Liebe. Es ist letztlich die Liebe eines Freundes, der für seine Freunde stirbt und ihnen so seine Liebe bis zur Vollendung zeigt: »Es gibt keine größere Liebe, als wenn einer sein Leben für seine Freunde hingibt.« (Joh 15,13) Im Leiden Jesu erkennen wir seine Liebe zu uns, eine Liebe, die keine Grenzen kennt. Hier setzt sich Jesus mit seiner ganzen Existenz für uns ein. Jesus liebt seine Schafe und gibt sein Leben für sie hin. (Vgl. Joh 10,14f) Und in Jesu Liebe offenbart sich Gottes Liebe zu uns. Johannes will mit seinem Evangelium zeigen, dass man in seinem Leiden nicht allein ist, sondern dass Jesus jeden Menschen als Freund begleitet. Er hält die Freundschaft mit jedem im Leiden durch.

Er verlässt einen nicht wie viele nur vermeintliche Freunde, die sich auf einmal nicht mehr sehen lassen, wenn man von der Trauer erdrückt wird. Und Johannes möchte dazu bewegen, das Leid, das einen von außen getroffen hat und das schwer auf einem lastet, anzunehmen und es in einen Akt der Hingabe an Gott zu verwandeln. Das scheint vielleicht allzu schwer zu sein. Ich persönlich weiß auch nicht, ob ich es im konkreten Fall immer fertigbringen würde. Aber ich spüre darin einen Weg, das, was mich durchkreuzt und was mir widerfährt, umzuwandeln. Wenn ich mich in meinem unverständlichen Leid in Gott hinein ergebe, dann wird mitten im Leid in mir eine Quelle der Liebe aufbrechen, die dem Leid einen anderen Geschmack gibt. Indem ich mich dem unbegreiflichen Gott hingebe, erfahre ich mitten in der Unbegreiflichkeit einen Frieden, der stärker ist als der Sog in die Tiefe.

Seit jeher haben die Christen die Passion Jesu meditiert. Im Mittelalter gab es eine »compassio-Frömmigkeit«. Ihr ging es darum, das menschliche Leiden Jesu in der Kunst darzustellen und sich möglichst konkret auszumalen, um dadurch Mitleid mit Jesus zu empfinden, der für uns gelitten hat und gestorben ist. Das Mitleid war ein Weg, die Liebe Jesu zu uns zu empfinden und dankbar zu sein, dass Gott sich in Jesus so auf das menschliche Leid eingelassen hat. Die Christen wussten damals, dass Jesus nicht unser Mitleid braucht. Doch sie meditierten sich in das Leid Jesu hinein, um seine Liebe intensiver zu spüren. Indem sie auf Jesus sahen, der für sie litt und starb, spürten sie, dass sie ganz und gar geliebt waren. Diese »compassio-Frömmigkeit« war jedoch nicht nur ein Weg stiller Meditation. Sie führte auch dazu, dass die Christen ein Gespür für alle Leidenden entwickelten. Die Sorge für die Kranken und Leidenden, die das Christentum auszeichnet, findet ihren Grund in diesem Mitleiden mit dem leidenden Christus und mit allen Leidenden dieser Welt. Heute gibt es in vielen Schulen ein spezielles Erziehungsprojekt, das sich »compassion« nennt. Es geht darum, in den Schülern und Schülerinnen ein Gespür für das Leid der Welt zu wecken und sie zu tatkräftiger Solidarität mit den Leidenden aufzurufen.

In der Volksfrömmigkeit entstanden viele Passionsandachten. Im 17. Jahrhundert wurden die Kreuzwegandachten beliebt. Und an vielen Wallfahrtsorten entstanden Kreuzwege mit vierzehn Stationen, die man nachgehen konnte, um bei jeder Station stehen zu bleiben und eine Betrachtung über das jeweilige Stationsbild zu halten. Des Weiteren gab es Andachten zu den fünf Wunden Jesu oder zu den Leidenswerkzeugen. Das Volk versetzte sich dadurch in die Lage Jesu, empfand mit ihm mit und erkannte gerade darin eine Antwort auf das eigene Leid. Die Andachten weckten in den Christen das Vertrauen, dass auch ihr Leiden nicht umsonst war, sondern durch Christus verwandelt wurde. Und sie erfuhren, dass sie in ihrem Leiden nicht allein waren, sondern in Gemeinschaft mit Jesus, der ein vergleichbares Schicksal erlitt, ja noch weitaus größere Schmerzen für die Menschen auf sich genommen hat. Ein alter Mitbruder, der selbst im hohen Alter immer noch optimistisch und lebenslustig war, antwortete dem Abt auf die Frage, wie er denn den Weg zu dieser Lebensfreude gefunden hätte: Durch den Kreuzweg. Indem er oft den Kreuzweg meditiert hatte, hatte sich sein Leiden gewandelt, hatte er die Kraft bekommen, es durchzustehen, ohne bitter zu werden.

Die ursprünglich amerikanischen Spirituals besangen immer wieder den Passionsweg Jesu. Für die Sklaven afrikanischer Herkunft war das Besingen der Passion Jesu ein Weg, sich die eigene Würde zu erhalten, sich selbst nicht aufzugeben, trotz aller Unterdrückung. In Jesus, der die Passion erlitten hatte, der aber durch den Tod hindurch zur Auferstehung gelangt war, schien ihnen ein Hoffnungsbild für ihren eigenen Weg auf. Und sie spürten, dass sie – obwohl unterdrückt und gedemütigt – doch eine göttliche Würde besaßen. Wenn Jesus, Gottes Sohn, das gleiche Schicksal erlitten hatte, dann war ihr Leid ein Weg, diesem Jesus näherzukommen und die Gemeinschaft mit ihm zu erfahren. Diese Menschen fühlten sich auf diese Weise trotz der Erniedrigung stärker als ihre Unterdrücker. Für Martin Luther King zeigte die Passion Jesu einen Weg, gewaltlos gegen die ungerechte Rassentrennung zu rebellieren und die oft unbarmherzige und rohe Staatsmacht zu entmachten. Indem die Demonstranten bereit waren, für ihre gute Sache zu leiden, überwanden sie die Gewalt, die ihnen entgegenschlug. Gegen leidende Menschen waren die Polizisten machtlos. Johann Baptist Metz hat immer wieder die »memoria passionis«, das Gedächtnis des Leidens als Kennzeichen christlichen Glaubens gefordert. Er spricht von einer gefährlichen Erinnerung, die die Grundlagen unserer in sich verfestigten Welt erschüttert. Und er wehrt sich gegen eine Spiritualität, in der »zu viel Jubel und zu wenig Trauer, zu viel Zustimmung und zu wenig Vermissen, zu viel Trost und zu wenig Tröstungshunger« ist. (Metz, Gottespassion, S. 30)

Dem Leiden einen Sinn geben

Wenn jemanden eine unheilbare Krankheit trifft, wenn man einen lieben Menschen in seinen besten Jahren durch einen Verkehrsunfall oder durch Krebs verloren hat, wird kaum jemand darin einen Sinn sehen können. Unwillkürlich wehrt man sich dagegen, dem Unbegreiflichen und Schrecklichen einen Sinn zu geben. Es ist jedoch wichtig, diese Sinnlosigkeit auszuhalten und nicht vorschnell als etwas Sinnvolles umzudeuten. Zugleich gilt es, mitten in der Sinnlosigkeit die Hoffnung nicht aufzugeben, das Unverständliche zu verstehen und den Sinn zu entdecken, der hinter allem liegen könnte. Sonst würde alles absurd erscheinen, und man würde in der Absurdität seines Lebens stecken bleiben. In dieser Situation muss ich versuchen, mein Leiden zu verstehen. Sonst kann ich es nicht bestehen. In meiner Suche nach dem Sinn hilft es, Jesus zu befragen, was er mir dazu zu sagen hat. Zudem kann es helfen, Menschen beziehungsweise Biografien anzuschauen wie zum Beispiel die des jüdischen Psychotherapeuten Viktor E. Frankl, der im Konzentrationslager unermessliches Leid erlebt und überlebt hat, weil er für sich persönlich dem Erleben einen Sinn verliehen hat.

Jesus selbst hat nichts über das Warum und Wozu des Leidens gesagt. Seine Antwort ist existenziell. Er hat das Leid selbst durchlebt und dadurch dem Leiden einen neuen Sinn gegeben. Doch sowohl in den Evangelien als auch in den Briefen des Neuen Testamentes finden wir Ansätze zu einer Antwort auf die Frage, wie wir unser Leid bewältigen und welchen Sinn wir unserem Leiden geben können. Ich möchte nur ein paar Antworten herausgreifen, die mir persönlich wichtig erscheinen für die Deutung und die existenzielle Bewältigung des Leidens:

Für den Evangelisten Lukas bildet der Passionsweg Jesu, der ihn über das Kreuz zur Auferstehung führt, ein Vorbild für den Christen und zugleich einen Schlüssel, wie wir unseren eigenen Leidensweg verstehen können. Auch unser Weg wird durch mancherlei Bedrängnisse führen. In der Apostelgeschichte spricht Paulus den Jüngern Mut zu, dass sie keine Angst vor Leid und Verfolgung zu haben brauchen: »Durch viele Drangsale müssen wir in das Reich Gottes gelangen.« (Apg 14,22) Für Lukas, den Autor der Apostelgeschichte, bedeutet das Leiden also einen Durchgang zum Reich Gottes. Wir können dem Leiden einen Sinn geben, indem wir uns von ihm aufbrechen lassen für Gott, damit Gott in uns herrscht. Oft sind wir in Gefahr, Gott für uns zu vereinnahmen und uns in unserer Frömmigkeit einzurichten. Tiefes Leid kann so ein selbst errichtetes Frömmigkeitsgebäude sprengen, damit wir offen werden für den ganz anderen Gott, für den unverfügbaren und unbegreiflichen Gott. Lukas meint offensichtlich, dass wir ohne Leiden in Gefahr wären, dass nicht Gott in uns herrscht, sondern das eigene Ego. Leiden zerbricht das Ego – damit Gott in uns Raum gewinnt und uns nach seinem Bild formt.

Eine wichtige Deutung des Leidens gibt uns Lukas in seiner Erzählung von den Emmausjüngern: Zwei Jünger befinden sich auf dem Weg nach Emmaus. Sie laufen entsetzt und verständnislos vor dem Kreuzestod Jesu davon. Sie können nicht verstehen, was für einen Sinn dieser Tod haben soll. Sie hatten alle ihre Hoffnung auf Jesus gesetzt. Doch diese Hoffnung war offensichtlich zerbrochen. Jetzt spüren sie eine tiefe Sinnlosigkeit. Sie wissen nicht mehr, worauf sie ihre Hoffnung noch setzen können. Da deutet ihnen Jesus seinen eigenen Weg. Sein Weg entspricht dem, was die Propheten über ihn gesagt haben. Sein Weg ist also schriftgemäß. Und er gibt ihnen einen Schlüssel an die Hand, der ihnen den Sinn ihres Leiden aufschließen soll: »Musste nicht der Messias all das erleiden, um so in seine Herrlichkeit zu gelangen?« (Lk 24,26) Wie hier spricht Lukas noch öfter vom göttlichen Muss. Vielleicht bezieht er, der die griechische Philosophie wie kein anderer Evangelist kennt, sich mit dem »göttlichen Muss« auf die griechische Lehre von der »ananke«, von der Notwendigkeit des Schicksals. Doch dieses Muss ist für Lukas kein feindliches Schicksal, das wir einfach ertragen müssen. Vielmehr erahnen wir darin die göttliche Verfügung, die wir nicht verstehen und bei der wir nicht nach dem Warum fragen dürfen. Es ist einfach so. Wenn wir es akzeptieren, geht uns auch der Sinn auf. Der Sinn des Leidens besteht für Lukas darin, dass es den Durchgang zur Herrlichkeit bedeutet, die Gott jedem von uns bereitet hat. Jesus ist nicht im Tod geblieben, sondern ist von Gott auferweckt und so mit seiner ursprünglichen Herrlichkeit beschenkt worden. Was für Jesus gilt, das ist auch für uns ein Weg, dem Leiden einen Sinn zu geben. Der Sinn dessen, was uns widerfährt, was unser Leben durchkreuzt, ist, dass wir immer mehr geöffnet werden, um in die Herrlichkeit zu gelangen. Im Griechischen steht für diesen Prozess: doxa. Dieser Begriff bedeutet nicht nur Herrlichkeit, sondern auch Gestalt, Form. Doxa meint die ursprüngliche Gestalt, die Gott jedem Menschen zugedacht hat, das einmalige Bild, das sich Gott von jedem gemacht hat. Das Leiden zerbricht die Bilder, die wir uns oft genug übergestülpt haben – etwa das Bild des erfolgreichen Machers oder des in sich ruhenden Frommen, des gelassenen Menschen, der über allem steht, des spirituellen Menschen, der sich mit Gott eins fühlt. Wir sollen das Leiden nicht suchen. Aber auf unserem Weg wird es uns immer wieder durchkreuzen. Und dann hat es den Sinn, unsere Illusionen zu zerbrechen, die wir uns vom Leben und von uns selbst gemacht haben. Sobald sich unsere selbst gemachten Bilder auflösen, kann erst das ursprüngliche Bild Gottes in uns aufleuchten, dann kommen wir in Berührung mit dem Glanz unserer Seele, den Gott uns schon bei der Geburt geschenkt hat. Lukas unterstreicht diese Sicht des Leidens, indem er den Auferstandenen zu den in Jerusalem versammelten Jüngern sprechen lässt: »Ich bin es selbst.« (Lk 24,39) Im Griechischen steht hier: »Ego eimi autos.« »Autos« steht in der stoischen Philosophie für das innere Heiligtum des Menschen, das von anderen Menschen nicht betreten werden kann, zu dem die Welt keinen Zutritt und über das sie keine Macht hat. Durch Tod und Auferstehung gelangen auch wir zu dem wahren Selbst, zu dem unverfälschten Bild Gottes von uns. Im Tod wird dieses wahre Selbst offenbar. Doch Tod und Auferstehung geschehen nach Lukas nicht erst bei unserem physischen Tod. Vielmehr steckt in jedem Leiden der Tod, der uns öffnen will für das wahre Selbst. Für Lukas besteht also im Leid ein wesentlicher Schritt auf dem Weg unserer Selbstwerdung, bei der Erfahrung des »autos«, des inneren Heiligtums unserer Seele, das nicht mehr zerstört oder verletzt werden kann.

Hilfe durch die Bibel

Wenn du, liebe Leserin, lieber Leser, tief im Leid steckst und vor lauter Sinnlosigkeit den Schmerz kaum aushalten kannst, wird dir die Lösung, die der Jesus des Lukasevangeliums anbietet, nicht sofort einleuchten. Jesus geht erst einen langen Weg mit den Emmausjüngern. Er begleitet sie. Er hält ihre Trauer aus. Er belehrt sie nicht. Doch er versucht, im Blick auf die Schrift ihre Erfahrung von Hoffnungslosigkeit und Verzweiflung zu deuten. Mitten auf dem Weg, den er mit ihnen geht, sagt er ihnen das Wort, in dessen Licht sie ihr eigenes Schicksal anschauen sollten. Sie sollten sich fragen, ob sie sich nicht eine Illusion über ihr Leben gemacht haben. Es ist nicht so leicht, sich die Illusionen nehmen zu lassen, mit denen wir leben. Viele zerbrechen am Leid, weil sie nicht bereit sind, ihre eigenen Vorstellungen vom Leben zerbrechen zu lassen. Wenn ihnen Leid widerfährt, dann halten sie an ihrem Bild von sich selbst und an ihrem Gottesbild fest. Sie sagen: »Wie kann Gott das zulassen, da ich doch ein frommer Mensch bin. Ich war doch jeden Sonntag in der Kirche. Ich habe doch täglich gebetet. Ich habe mich doch bemüht, christlich zu leben. Ich habe meine Kinder vor der Abfahrt noch gesegnet. Und trotzdem sind sie verunglückt.« Oder andere sagen: »Warum muss ich krank werden, da ich doch gesund gelebt habe. Ich habe nicht geraucht und keinen Alkohol getrunken. Ich habe täglich Sport getrieben und mich gesund ernährt. Wie kann das nur passieren?« Hinter solchen Sätzen steckt die Illusion, dass man selbst für seine Gesundheit oder für ein leidfreies Leben garantieren könnte. Man bräuchte nur gesund zu leben, man bräuchte nur eine gesunde Spiritualität zu praktizieren, man bräuchte nur für sich und für die Menschen zu beten, die einem am Herzen liegen, dann dürfte einen auch kein Leid treffen. Doch das ist und bleibt eine Illusion. Es ist sicher sinnvoll, gesund zu leben. Aber trotzdem können wir mit unserer Lebensweise kein leidfreies Leben bewirken. Leid kann uns immer widerfahren. Leid muss nicht sein. Es ist nicht lebensnotwendig. Aber die Erfahrung zeigt, dass uns immer wieder Leid trifft. Viele Menschen suchen dann sofort nach Gründen, warum ihnen das Leid widerfährt. Die einen suchen die Schuld bei sich. Gerade in der Esoterik wird das heute oft so gesehen. Eine beliebte Deutung dieser Richtung ist: »Du machst dir das Leid, die Krankheit selbst.« Doch mit solchen Vorstellungen vermittle ich jedem Kranken und jedem, den ein Leid getroffen hat, Schuldgefühle. Letztlich sage ich ihm damit nämlich: »Du bist ja selber daran schuld.«

Die Antwort des Lukasevangeliums ist da wesentlich hilfreicher: Wir wissen nicht, warum uns das Leid getroffen hat. Es widerfährt uns einfach von außen. Und es ist gut, darauf zu verzichten, nach Ursachen zu fragen. Aber wenn es mir widerfährt, dann frage ich nach dem Ziel. Ich frage mich, was ich mit dem Leid machen, wie ich ihm einen Sinn abgewinnen kann. Und dann kann mir auf einmal das Wort Jesu in seiner ganzen Bedeutung aufgehen: Das Leid will mich öffnen für Gott und für das ursprüngliche Bild, das Gott sich von mir gemacht hat. Das Leid bildet den Durchgang zum ursprünglichen Glanz meiner Seele und zur Herrlichkeit, die mich nach aller Drangsal im Tod erwartet.

Ist dieser Schlüssel, das Leid zu verstehen, aber wirklich hilfreich für den, der scheinbar sinnlos leidet, der durch sein Leiden ein Leben lang gezeichnet ist, für den, der nach einem

Unfall querschnittsgelähmt bleibt, für den, dessen Psyche durch den Schock des Unfalls für immer geschädigt ist, für den, dessen Gesicht durch die vielen Narben für immer entstellt bleibt, für den, der alles verloren hat und nun hoffnungslos dahinlebt?

Als Mitmenschen müssen wir uns immer hüten, dem anderen eine Antwort auf den Sinn seines Leidens zu geben. Das klingt oft zynisch. Jesus deutet sein eigenes Leiden und nicht das der Jünger. Und er geht einen langen Weg mit ihnen. Im Gespräch mit ihm kann sich ihre Sicht des Leidens wandeln. Jesus zwingt den Jüngern seine Deutung des Leidens keineswegs auf. Er bietet ihnen eine Verstehenshilfe an. Sie hören zu. Und auf einmal brennt ihr Herz. Irgendetwas in ihnen wird von Jesu Art und Weise, wie er über sein Leiden spricht, berührt. Lukas erzählt uns Geschichten, damit wir uns in der Geschichte wiederfinden. Er gibt uns keine Anweisung: »Du musst dein Leiden so und so verstehen.« Vielmehr lädt er uns ein, im Licht der Geschichte der Emmausjünger unser eigenes Leiden mit neuen Augen zu sehen und zu verstehen. Wenn ich mich als Leidender in den Weg Jesu versenke und erkenne, wie er sein Leiden bewältigt und wie er es versteht, dann kann auch in mir eine Ahnung wachsen, dass mein Leiden nicht sinnlos ist. Vielleicht will es auch mich aufbrechen, damit ich das wahre Geheimnis des Lebens entdecke, damit mir das ursprüngliche Bild meiner Existenz aufgeht, das unabhängig ist von Gesundheit und Kraft, von Erfolg und Anerkennung. Selbst wenn mir alles genommen ist, was für mich lebenswert ist, gibt es einen Glanz meiner Seele, der nicht zerstört werden kann.

Eine eigene Leidenstheologie hat der Apostel Paulus entwickelt. Er erfährt, dass er am Leiden Christi Anteil hat. Aber im Leiden hat er ebenso auch Teil am Trost, den Christus ihm spendet: »Wie uns nämlich die Leiden Christi überreich zuteil geworden sind, so wird uns durch Christus auch überreicher Trost zuteil.« (2 Kor 1,5) Paulus geht es nicht um die Frage, warum er leiden muss. Er erfährt im Leiden einfach die Gemeinschaft mit Jesus Christus. Im Leiden wird er seinem Herrn ähnlich. So ist das Leiden für ihn Erfahrung einer besonderen Nähe zu Jesus Christus. Und das Leiden dient seiner Verkündigung. Weil er wie Jesus leidet, kann er glaubhaft die Botschaft von der Erlösung in Tod und Auferstehung Jesu verkünden. Es ist eine Verkündigung nicht nur mit Worten, sondern mit seiner ganzen Existenz. Wenn uns ein Mensch, der vieles durchlitten hat, von der Hoffnung erzählt, die ihn beseelt, dann wird sein Wort für uns glaubhaft.

Paulus erfährt in seinem eigenen Schicksal das Geheimnis von Tod und Auferstehung Jesu, das Geheimnis, dass mitten im Tod Leben ist, mitten in der Dunkelheit Licht: »Von allen Seiten werden wir in die Enge getrieben und finden doch noch Raum; wir wissen weder aus noch ein und verzweifeln dennoch nicht; wir werden gehetzt und sind doch nicht verlassen; wir werden niedergestreckt und doch nicht vernichtet. Wohin wir auch kommen, immer tragen wir das Todesleiden Jesu an unserem Leib, damit auch das Leben Jesu an unserem Leib sichtbar wird. Denn immer werden wir, obgleich wir leben, um Jesu willen dem Tod ausgeliefert, damit auch das Leben an unserem sterblichen Fleisch offenbar wird.« (2 Kor 4,8–11) Aus diesen Worten wird deutlich, dass Paulus sein Leiden als Auszeichnung verstand. Darin erlebte er das Geheimnis der

Auferstehung. Auferstehung ist für ihn keine heile Welt, sondern sie erweist ihre Macht gerade in seinem Leiden, in seiner Ausweglosigkeit, in seinen Bedrängnissen. Paulus erlebt seine Schwäche, an der er leidet, gerade als den Ort, an dem Gott die Macht und Herrlichkeit Christi aufleuchten lässt. Paulus möchte selbst lieber machtvoll auftreten, doch er muss einsehen, dass Christus sich gerade in seiner Schwäche offenbaren möchte.

Paulus gibt dem Leiden noch eine andere Bedeutung. Es führt uns in das Innerste unserer Seele. Leiden ist ein Weg nach innen: »Wenn auch unser äußerer Mensch aufgerieben wird, der innere wird Tag für Tag erneuert.« (2 Kor 4,16) Durch das Leiden werden die äußeren Dinge wie Besitz, Erfolg, Gesundheit und Bestätigung genommen. Aber das ist eine Chance, dass der innere Mensch zum Vorschein kommt. Der innere Mensch ist für Paulus offensichtlich der ganz und gar von Jesus Christus durchdrungene, über den die Welt keine Macht mehr hat. In diesem Menschen wird das Unsichtbare Gottes offenbar. Wenn wir uns im Leiden auf den inneren Menschen verweisen lassen, dann hat das Leiden keine letzte Macht über uns. Es dient unserem spirituellen Weg nach innen. So kann Paulus voller Zuversicht ausrufen: »Uns wird Leid zugefügt, und doch sind wir jederzeit fröhlich; wir sind arm und machen doch viele reich; wir haben nichts und haben doch alles.« (2 Kor 6,10)

Im Kolosserbrief hat ein Mitarbeiter oder Schüler des hl. Paulus dem Leiden einen neuen Sinn zugewiesen, wenn er schreibt: »Jetzt freue ich mich in den Leiden, die ich für euch ertrage. Für den Leib Christi, die Kirche, ergänze ich in meinem irdischen

Leben das, was an den Leiden Christi noch fehlt.« (Kol 1,24f) Der Autor, der hier im Namen des Apostels Paulus spricht, meint in erster Linie die Leiden, die er bei der Verkündigung des Evangeliums erfährt. Aber seine Aussage gilt wohl für jedes Leiden, das wir im Dienst für andere erfahren. Wer eine Firma leitet, wird oft genug an den Schwierigkeiten leiden, die seine Aufgabe mit sich bringt. Wer sich als Vater oder Mutter für seine Familie einsetzt, wird oft genug Leid erfahren; wenn die Kinder krank sind, wenn sie andere Wege gehen oder ihren Weg gar nicht zu finden scheinen, werden sie mitleiden. Wer sich politisch für die Menschen engagiert, wird in Bedrängnisse geraten. Natürlich könnten wir über das Leid, das uns im Dienst für andere trifft, jammern oder es als Vorwurf gegen diese benutzen: »Ich setze mich so ein für euch. Und das ist euer Lohn.« Oder aber wir können uns wie der Autor des Kolosserbriefs in den Leiden freuen, weil wir sie für die Menschen ertragen. Dann bekommt das eigene Leiden einen anderen Geschmack. Man merkt es uns gar nicht an. Wir tragen es nicht zur Schau. Die Gefahr besteht jedoch, dass man sich mit dem Archetyp des Märtyrers identifiziert. Wir müssen so viel leiden, weil wir am richtigen Glauben, an der richtigen Einstellung festhalten. Wer sich als Märtyrer fühlt, der gebraucht sein Leiden als Vorwurf gegen andere oder aber er stellt sich über die anderen. Damit aber wird er blind für seine eigenen aggressiven Anteile. Sein Leiden ist Ausdruck der Aggression gegen sich selbst und gegen die Menschen. Dann aber geht nichts Heilendes von seinem Leiden aus, sondern eher Verwirrung und Spaltung. Der Kolosserbrief verweist auf einen anderen Weg: Freude im Leiden verwandelt unser Leiden und verbirgt es für die anderen. Und unser Leiden wird für die

Menschen in unserer Umgebung zu einer Quelle von Heilung und Befreiung.

»In meinen Leiden soll ich ergänzen, was an den Leiden Christi noch fehlt.« (Kol 1,24) Über diesen Satz haben die Exegeten viel gerätselt. Sicher ist damit nicht gemeint, dass die Passion Jesu unvollständig war. Das griechische Wort, das hier steht, bedeutet nicht Leiden, sondern Bedrängnis. Es sind die Bedrängnisse gemeint, die wir um Christus willen oder die wir in Christus erleben. Und diese Nöte sollen wir wie Christus stellvertretend für die Mitmenschen aushalten. Dadurch wird eine neue Deutung der Leiden gegeben: Wir tragen sie nie nur für uns selbst, sondern immer auch stellvertretend für andere. Indem ich aushalte, was mir zugemutet wird, schaffe ich um mich herum eine Atmosphäre, die anderen das Leben erleichtert. Wenn ich dagegen mein Leiden als Vorwurf gegen die anderen benutze, erzeuge ich um mich herum eine Stimmung von Schuldbewusstsein oder Aggression. Die anderen wollen mit mir nichts zu tun haben. Die Annahme meines Leidens ist immer auch ein Beitrag für die anderen. Indem ich den Kopf hinhalte, verzichte ich darauf, anderen Vorwürfe an den Kopf zu werfen. Dort, wo ich etwas durchleide, wird die Welt um mich herum heiler und heller. Und die Menschen um mich herum können hoffnungsvoller leben.

Im zweiten Timotheusbrief wird das Bild des Kriegsdienstes benutzt, um dem Leiden einen Sinn zu geben. Der Apostel ermahnt Timotheus: »Leide mit mir als guter Soldat Christi Jesu. Keiner, der in den Krieg zieht, lässt sich in Alltagsgeschäfte verwickeln, denn er will, dass sein Heerführer mit ihm zufrieden ist.« (2 Tim 2,3f) Aus diesen Worten hat das Mönchtum – und in seiner Tradition stehend auch der hl. Benedikt – die Vorstellung von der Militia Christi, vom Kriegsdienst für Christus, geprägt. Nachfolge Jesu heißt für die Mönche, für Christus Kriegsdienst zu leisten. Das bedeutet, dass der Mönch den Kampf mit den Leidenschaften und Dämonen aufnimmt. In diesem Kampf wird er verwundet und erfährt Leiden. Die Mönche verstehen diesen Kriegsdienst nicht als missionarischen Einsatz für Christus, sondern als inneren Kampf. Der Kampfplatz ist ihre eigene Seele. Dort wollen sie, dass Christus der eigentliche Herr ist. Die Dämonen müssen besiegt werden, damit sie Christus nicht seine Herrschaft in der menschlichen Seele streitig machen. Wer diesen inneren Kampf aufnimmt, der wird dabei verletzt. Aber er wird nicht darüber jammern, sondern er nimmt die Wunden eher als Auszeichnung für seinen Kampfesmut.

Der Hebräerbrief hat eine andere Auffassung des Leidens: Nicht wir leiden mit Christus oder für ihn, damit seine Botschaft bei den Menschen ankommt. Der Verfasser geht vielmehr davon aus, dass Christus mit uns leidet. Jesus ist uns in unserer leidvollen und angefochtenen Existenz gleich geworden. Er kann mitfühlen mit unserer Schwäche. Er ist wie wir in allem in Versuchung geführt worden. Aber er hat nicht gesündigt. (Hebr 4,15) »Obwohl er der Sohn war, hat er durch Leiden den Gehorsam gelernt; zur Vollendung gelangt, ist er für alle, die ihm gehorchen, der Urheber des ewigen Heils geworden.« (Hebr 5,8f) Der Verfasser greift hier eine griechische Vorstellung auf, dass wir durch Leiden lernen. Die beiden griechischen Worte »mathein« (lernen) und »pathein« (leiden) haben den gleichen Klang. Schon der griechische Dichter Aischylos hat von der Lebensschule des Leidens gesprochen: »Er (Zeus) ist's, der den Menschen zur Selbstbesinnung gewiesen und die ewig gültige Satzung aufgestellt hat: durch Leiden lernen.« (Grässer, S. 306) Papst Benedikt XVI. bezieht sich in einem Vortrag, den er im Jahre 2001 vor Politikern gehalten hat, auf diese Stelle im Hebräerbrief. Für ihn ist es eine Herausforderung unserer Zeit, dass »wir auch einen neuen Sinn für die Würde des Leidens gewinnen. Leben lernen heißt auch leiden lernen«. (Ratzinger, S. 98)

Nach dem Hebräerbrief sollen wir in der Schule des Leidens Gehorsam lernen. Wir sollen im Leiden lernen, auf Gott zu horchen, der so ganz anders ist, als wir ihn uns oft vorstellen. Durch das Leiden sollen wir Jesus gleich werden und wie er in das himmlische Heiligtum eintreten, in das er uns als der Urheber und Vollender des Glaubens vorangegangen ist. Im Leiden sollen wir auf Jesus schauen. Dann wird auch für uns das Leid zu einem Tor in das himmlische Heiligtum: »Lasst uns mit Ausdauer in dem Wettkampf laufen, der uns aufgetragen ist, und dabei auf Jesus blicken, den Urheber und Vollender des Glaubens; er hat angesichts der vor ihm liegenden Freude das Kreuz auf sich genommen, ohne auf die Schande zu achten, und sich zur Rechten von Gottes Thron gesetzt. Denkt an den, der von den Sündern solchen Widerstand gegen sich erduldet hat; dann werdet ihr nicht ermatten und den Mut nicht verlieren.« (Hebr 12,1f)

Jesus, der in das himmlische Heiligtum eingetreten ist und nun zur Rechten Gottes thront, ist für uns ein Zeichen der Hoffnung. Wenn wir auf ihn schauen, wird das Leiden seinen beschämenden Aspekt verlieren. Das Leiden ist auch für uns nur das Tor, durch das wir in das innere Heiligtum unserer

Seele treten. Für den Autor des Hebräerbriefes geht es darum, die Christen, die von ihrer Umgebung Widerstand und Drangsal erfahren, zu ermutigen, dass sie auf ihrem Weg nicht ermatten. Seine Theologie des Leidens soll den müde gewordenen Christen neuen Mut schenken. Sie sollen angesichts des Leidens nicht resignieren, sondern im Blick auf Christus den Mut und die Kraft finden, »angesichts der vor ihnen liegenden Freude« die Bedrängnisse als Herausforderung ihres Glaubens anzunehmen.

Wie man als Christ mit dem Leid umgehen soll, war auch ein wichtiges Thema des ersten Petrusbriefes. Der Autor dieses Briefes sieht im Leiden eine Prüfung. Ein Christ kann das Leid bestehen, weil er weiß, dass er unter dem Schutz Gottes steht und dass Gott ihm das Heil schenkt, das spätestens in seinem Tod offenbar wird. So schreibt der Autor schon in der Einleitung: »Deshalb seid ihr voll Freude, obwohl ihr jetzt vielleicht kurze Zeit unter mancherlei Prüfungen leiden müsst. Dadurch soll sich euer Glaube bewähren, und es wird sich zeigen, dass er wertvoller ist als Gold, das im Feuer geprüft wurde und doch vergänglich ist.« (1 Petr 1,6f) Im Leiden soll sich unser Glaube bewähren. Für viele, die einen lieben Menschen durch plötzlichen Tod verlieren, wankt der Glaube. Und oft ist es für sie nicht mehr möglich, am Glauben festzuhalten. Ihnen wurde die Grundlage ihres Glaubens entzogen. Für den ersten Petrusbrief ist das Leid wie ein Feuer, das den Glauben von allen sekundären Motiven reinigt. Wir sehen im Glauben oft eine Garantie vor Unglück und Krankheit oder wir verstehen ihn als Schutz vor jedem Unheil. Solche Motive werden im Leiden verbrannt. Bei manchen geht im Feuer des Leidens auch der Glaube verloren. Doch das Ziel – so meint der erste Petrusbrief – wäre es, den Glauben zu läutern, dass wir uns mit unserem Leid Gott ergeben und an Gott festhalten.

Im selben Brief wird immer wieder aber auch das Thema der Freude berührt, mit der ein Christ auf das Leiden reagieren sollte. Die Freude gründet in der Hoffnung, dass das Leiden nur ein kurzer Durchgang zum Heil ist und der Gläubige im Leiden geprüft und geläutert wird. Er wird durch das Leid nicht zerbrechen, sondern nur stärker in seinem Glauben: »Freut euch, dass ihr Anteil an den Leiden Christi habt; denn so könnt ihr auch bei der Offenbarung seiner Herrlichkeit voll Freude jubeln.« (1 Petr 4,13) Allerdings bezieht sich der Autor hier vor allem auf das Leid, das jemanden trifft, gerade weil er bekennt, Christ zu sein, und Zeugnis für Jesus Christus ablegt. Doch in gewisser Weise gilt dieses Motiv für jedes Leid. Wir sollen uns im Leiden freuen, weil wir in ihm die Gemeinschaft mit Jesus Christus erfahren. Das Leiden ist also ein Weg, auf dem wir Jesus Christus näherkommen. Auch hier gilt: Wir sollen uns das Leid nicht suchen. Wir sollen nicht uns selbst masochistisch Leid zufügen. Aber wenn es uns trifft, dann bietet es auch eine Chance, in ihm dem Geheimnis Jesu Christi näher zu kommen und Jesu Liebe zu uns besser zu verstehen. So kann uns das Leid tiefer in die Gemeinschaft mit Jesus Christus führen.

Vielen erscheint diese Theologie des ersten Petrusbriefes zu weit von ihrer eigenen Leiderfahrung entfernt zu sein. Der Autor musste die Christen dazu ermahnen, sich an ihren Leiden zu freuen. Denn offensichtlich war es nicht ihre ursprüngliche Erfahrung. Zunächst haben sie genauso unter dem Leid gelitten wie wir. Aber der Autor zeigt ihnen einen Weg, wie

sie anders damit umgehen können. Dass es ihnen nicht leicht-
gefallen ist, können wir uns vorstellen. Auch wir können uns
nicht einfach am Leiden freuen. Dagegen sträubt sich unser
Inneres. Aber die Worte des ersten Petrusbriefes wollen uns
eine andere Sicht des Leidens aufzeigen. Sie wollen uns darauf
hinweisen, dass es in unseren Schmerzen und in unseren Leiden
eine Tiefenschicht gibt, in der wir uns mit Christus verbunden
fühlen. Wenn wir diese Erfahrung machen dürfen, dann verliert das Leiden seine bedrängende und bedrohliche Macht.
Dann wird die Freude das Leid verwandeln. Wir werden unsere
Leiden anders erleben. Allerdings braucht es oft lange Zeit, bis
wir mitten in unserem Leiden die Sicht des ersten Petrusbriefes
übernehmen können. Wir dürfen es uns auch zugestehen, dass
wir in unserem Leid weder Sinn erkennen noch Freude empfinden. Doch die Konfrontation mit biblischen Texten kann
uns allmählich die Augen öffnen, sodass wir unsere leidvollen
Erfahrungen auf einmal anders sehen und mit ihnen auf neue
Weise umgehen.

Hilfe durch die Psychologie

Die biblischen Autoren haben uns theologische Antworten auf
die Frage nach dem Sinn des Leidens gegeben – jeder auf dem
Hintergrund seiner eigenen Erfahrung und seines Verständ-
nisses von Jesus Christus. In der Gegenwart versuchte vor
allem der Psychologe Viktor E. Frankl von der Psychologie
und Philosophie her, dem Leiden Sinn zu geben. Als Jude hat
er während des Dritten Reichs im Konzentrationslager selbst
erlebt, dass nur die Menschen, die ihrem Leiden einen Sinn

geben konnten, überlebten. Wer sich selbst aufgegeben hatte, der hatte keine Überlebenschance. Während Frankl mit seinen Mitgefangenen im bitteren Winter in die gefrorene Erde mit Pickel und Schaufel eindrang, um einen Graben auszuheben, immer wieder von den Wachsoldaten beschimpft wurde, dachte er an seine Frau und führte mit ihr im Geist Gespräche. Dabei erlebte er, dass die Liebe seinem Leben einen letzten Sinn gab: »Ich erfasse jetzt den Sinn des Letzten und Äußersten, was menschliches Dichten und Denken und – Glauben auszusagen hat: die Erlösung durch die Liebe und in der Liebe! Ich erfasse, daß der Mensch, wenn ihm nichts mehr bleibt auf dieser Welt, selig werden kann – und sei es auch nur für Augenblicke –, im Innersten hingegeben an das Bild des geliebten Menschen. In der denkbar tristesten äußeren Situation, in eine Lage hineingestellt, in der er sich nicht verwirklichen kann durch ein Leisten, in einer Situation, in der seine einzige Leistung in einem rechten Leiden – in einem aufrechten Leiden bestehen kann, in solcher Situation vermag der Mensch, im liebenden Schauen, in der Kontemplation des geistigen Bildes, das er vom geliebten Menschen in sich trägt, sich zu erfüllen.« (Frankl, S. 169)

Frankl unterscheidet zwischen Erlebniswerten, schöpferischen Werten und Einstellungswerten, die dem Leben einen Sinn geben. Im Leiden werden dem Menschen die Erlebniswerte und schöpferischen Werte genommen. Da bleibt ihm nur die Freiheit, sich zu dem, was ihm widerfährt, auf seine ureigenste Weise einzustellen. Im Konzentrationslager hat Frankl erfahren, dass man dem Menschen alles nehmen kann, »nur nicht die letzte menschliche Freiheit, sich zu den gegebenen Verhältnissen so oder so einzustellen«. (Ebd., S. 171) Er lernte in diesem unermesslichen Leiden, »dass es eigentlich nie und

nimmer darauf ankommt, was wir vom Leben noch zu erwarten haben, vielmehr lediglich darauf: was das Leben von
uns erwartet!«. (Ebd., S. 173) Als seine Kameraden aus Strafe
hungern mussten und alle verzweifelt in ihrer Halle lagen,
hielt er vor ihnen eine Ansprache. Er sprach dabei von der
Zukunft und bekräftigte, dass er nicht bereit war, die Flinte
ins Korn zu werfen. Kein Mensch könne ja wissen, was ihm
schon die nächste Stunde bringen könne. Und er sprach von
der Vergangenheit, von dem, was jeder dort erlebt habe; den
Reichtum des Erlebten kann niemand stehlen: »Nicht nur,
was wir erlebt; auch das, was wir getan, das, was wir Großes je
gedacht, und das, was wir gelitten … all das haben wir herein-
gerettet in die Wirklichkeit, ein für allemal. Und mag es auch
vergangen sein – eben in der Vergangenheit ist es für alle Ewigkeit gesichert!« (Ebd., S. 175) Außerdem sprach Frankl von
der Möglichkeit, das Leben in jedem Augenblick mit Sinn zu
erfüllen. Der Mensch verfügt für ihn über die Trotzmacht des
Geistes, die ihn befähigt, auch in der aussichtslosen Situation
des Leidens und Sterbens seinem Leben noch einen Sinn zu
geben. Frankl ist überzeugt, »dass dieser unendliche Sinn des
Daseins auch noch Leiden und Sterben, Not und Tod in sich
mit einbegreife«. (Ebd., S.175) Das Leiden hat keinen Sinn in
sich. Es ist Aufgabe des Menschen, dem Leiden einen Sinn
abzutrotzen. Jeder muss selbst eine sinnvolle Antwort geben
auf das Leiden, das ihn von außen trifft. Frankl achtet hier besonders die Antwort der Religion, die die Antworten, welchen
Sinn wir dem Leiden geben, vielgestaltig anbietet, er enthält
sich als Psychologe aber der religiösen Deutung. Er fordert
die Menschen vielmehr auf, selbst ihrem Leiden einen Sinn abzutrotzen. Wenn er Menschen in ihrem Leid begleitet, fallen

ihm ähnliche Antworten ein wie dem christlichen Glauben. Er spricht davon, dass wir das Leiden anderen opfern, für andere ertragen sollen, dass wir das Leiden in Würde und Liebe bestehen sollen und so für andere ein Vorbild der Hoffnung und Zuversicht werden. Und er spricht davon, dass wir mit in Würde bestandenen Leiden einen Wert schaffen, der für ewig bleibt.

Frankl versucht mit seinem logotherapeutischen Ansatz, dem Klienten, der an seiner Krankheit leidet, zu helfen, einen Sinn in seiner Krankheit zu entdecken. Das ist ein wichtiger Ansatz. Sein Schüler Willi Butollo warnt jedoch, dass aus dem Sinn-Angebot eine »Sinn-Keule« wird, ein Zwang, »jetzt möglichst schnell einen neuen Sinn zu finden oder anzubieten«. (Butollo, S. 6) Wenn einer in einer traumatischen Situation steht, gehört es auch dazu, die Sinnlosigkeit erst einmal gemeinsam mit ihm auszuhalten, »die Unbegreiflichkeit auch einmal für eine angemessene Zeit stehen zu lassen«. (Ebd., S. 6) Wenn ich das Unbegreifliche geduldig anerkenne, dann kann ich behutsam versuchen, mit dem Klienten nach einem Sinn zu suchen, den er diesem scheinbar Sinnlosen zu geben vermag. Es braucht viel Zeit, bis der Leidende fähig ist, nach dem Schock, der ihn getroffen hat, seinem Leiden einen Sinn abzutrotzen. Und doch ist es ein wichtiger Weg, das Leid zu verwandeln. Es wird nach wie vor Leid bleiben und wehtun. Aber in ihm wächst eine Kraft, die ihn das Leid bestehen lässt. Ohne Sinn ginge ihm diese innere Kraft verloren.

DIE AUSEINANDERSETZUNG MIT
DEM LEID BEI DEN MYSTIKERN

Seit der Mensch zu denken vermag, ist er mit Leid konfrontiert. Wer leidet, wird nicht einfach durch den Verweis auf andere Leidende getröstet. Wut, Trauer, Enttäuschung und Schmerz werden dadurch nicht aufgelöst. Und doch kann es eine Hilfe sein, die Erfahrungen anzuschauen, die andere leidende Menschen vor einem selbst gemacht haben. Die Geschichte christlicher Spiritualität war immer auch eine Schule des Leidens. Ob eine Spiritualität tragfähig ist, entscheidet sich letztlich an ihrer Einstellung zum Leid. Wenn sie Leid verdrängt und die Menschen nur in eine euphorische Stimmung versetzt, macht sie vom Leid betroffene Menschen nur wütend. Wenn sie zu billige Lösungen anbietet, geht sie am Ernst des Leidens vorbei.

In der Geschichte der christlichen Spiritualität wurde das Leid immer als Herausforderung betrachtet, als ein Weg, die Beziehung zu Gott und zu sich selbst zu läutern und zu vertiefen. Wenn ich im Folgenden einige Antworten der spirituellen Tradition auf die Frage des Leidens darstelle, geht es mir immer um die Erfahrung, die dahintersteckt. Für manche Leserinnen und Leser mögen diese Erfahrungen nicht mit den eigenen übereinstimmen oder ihnen fremd bleiben. Vielleicht aber finden sich in den Antworten der Tradition auch Hilfen, mit dem eigenen Leiden so umzugehen, dass sich der Glaube vertieft und eine neue Sicht Gottes und des eigenen Lebens möglich wird.

Leid als spirituelle Herausforderung

In der christlichen Tradition wurde das Leid immer als spirituelle Herausforderung gesehen. Richard Rohr, der amerikanische Franziskaner, meint: »Bei Spiritualität in ihrem besten Sinn geht es darum, was man aus seinem Leiden macht.« (Rohr, S. 33) Für Rohr besitzt die Spiritualität eine verwandelnde Kraft. Er versteht gerade das Kreuz Jesu als »Umwandler« unseres Leidens. So hat es auch die christliche Tradition verstanden. Das Wort Jesu vom Kreuztragen wurde für viele Christen zum Schlüssel, wie sie mit dem Leid umgehen konnten: »Wer nicht sein Kreuz trägt und mir nachfolgt, der kann nicht mein Jünger sein.« (Lk 14,27) Das Leid, das einen Menschen traf, nahm dieser als das Kreuz an, das Gott einem zumutete. Es war immer klar, dass man sich das Kreuz nicht aussuchen kann. Es durchkreuzt uns und unser Leben einfach. Es widerfährt uns. Es begegnet uns auf unserem Weg. Das Kreuz anzunehmen war schon früher für viele Christen der Weg, am Leid nicht zu zerbrechen, sondern zu vertrauen, dass man gerade auf diese Weise Christus nachfolgte und immer tiefer hineinwuchs in seine Gesinnung. Das Wort Jesu gab vielen Mut, das Kreuz anzunehmen, ohne sich vom Leid die eigene Lebensfreude nehmen zu lassen. Ein besonderes Beispiel für eine solche Haltung ist für mich meine Tante, die im Zweiten

Weltkrieg und in der Nachkriegszeit sehr viel Leid erfahren hatte. Ihr Mann war im Krieg gefallen. Sie musste den Hof allein weiterführen und war vielen Anfeindungen ausgesetzt. Später hat sie zwei Kinder durch Krankheit verloren. Bei allem verlor sie nie ihre Lebensfreude. Als ich sie einmal fragte, wie sie das alles verkraften konnte, meinte sie nur, jeder müsse halt sein Kreuz tragen. Das Kreuz hatte es ihr also ermöglicht, Ja zu sagen, anstatt mit dem Schicksal zu hadern, und zu vertrauen, dass das Kreuz zur Auferstehung, zu neuem Leben führen werde.

Ein wesentlicher Strang christlicher Mystik besteht in der Kreuzesmystik. Ihr geht es darum, durch das Kreuz Christus näherzukommen und mit Christus eins zu werden. Kreuzesmystik bedeutet also eine ganz bestimmte Ausprägung der Christusmystik. Bernhard von Clairvaux war einer ihrer ersten Vertreter. Für ihn ist Christus als der Gekreuzigte der Inhalt wahrer Philosophie. Christus stellt für ihn nicht nur Vorbild im Leiden dar. Indem er Christus nachfolgt und ihm im Leiden gleich wird, erfährt er mit ihm eine innige Schicksalsgemeinschaft. Das wird in der berühmten Vision deutlich, in der Christus seine Arme vom Kreuzesbalken löst und den vor ihm knienden Bernhard umarmt.

Der hl. Franziskus geht in seiner Schicksalsgemeinschaft mit dem Gekreuzigten so weit, dass er die Wundmale Jesu am eigenen Leib trägt. Des Weiteren haben vor allem die Frauen in der deutschen Mystik die Kreuzesmystik entfaltet. Für sie bedeutet Kreuzesnachfolge, ihr eigenes Leiden als Bruch mit der Welt zu verstehen und darin den Eigenwillen zu vernichten. Das Leiden läutert den Menschen und gleicht ihn immer mehr

Christus an. Indem die Frauen mit dem leidenden Jesus leiden, werden sie in den umgewandelt, den sie lieben. Für den deutschen Mystiker Heinrich Seuse ist das Leid, das der Mensch von Gott her annimmt, Zeichen göttlicher Auserwählung, so wie die Passion Jesu Zeichen der gnädigen Zuwendung Gottes zum Menschen ist. (Hinricher, S. 737)

Auch die deutschen Mystiker Meister Eckhart und Johannes Tauler haben das Thema Leiden immer wieder aufgegriffen. Meister Eckhart hat seine Leidensmystik vor allem in seinem Traktat »Von Abgeschiedenheit« verdeutlicht. Auf den ersten Blick scheint seine Lösung der stoischen Philosophie nahezustehen, die sich gegenüber dem Leid empfindungslos machen wollte. Meister Eckhart meint aber, dass die Abgeschiedenheit den Menschen befähige, »gegenüber allem anfallenden Lieb und Leid, Ehren, Schanden und Schmähung, wie ein bleierner Berg ... gegenüber einem schwachen Winde unbeweglich« zu sein. (Haas, S. 135) Dies zeigt, dass Eckhart keine stoische Unempfindlichkeit meint, sondern von der Lust und Freude an Gott spricht. Wer an Gott seine Lust findet, für den verliert das Leiden das Bedrohliche. Eckhart prägt den Ausdruck »Leid ohne Leid«. Das kann der Mensch erfahren, wenn er um Gottes willen leidet. Doch das gelingt dem Menschen nur, weil Gott selbst in Jesus Christus Mensch geworden ist, um mit uns zu leiden. Die Leidenssolidarität Gottes mit uns Menschen in Jesus Christus ermöglicht es uns, das »Leid ohne Leid« zu tragen: »Alles, was der gute Mensch um Gottes willen leidet, das leidet er in Gott, und Gott ist mit ihm leidend in seinem Leiden. Ist mein Leiden in Gott und leidet Gott mit, wie kann mir dann das Leiden ein Leid sein, wenn das Leiden das Leid verliert und mein Leid in Gott und mein Leid Gott ist? Wahrhaftig, so wie Gott die Wahrheit ist, und, wo immer ich Wahrheit finde, ich meinen Gott, die Wahrheit, finde, ebenso auch, nicht weniger und nicht mehr, finde ich, wenn ich lauteres Leiden um Gottes willen und in Gott finde, mein Leiden als Gott.« (DW 5, S. 53,20–54,6, Haas, S. 403) Das sind mutige Worte. Im Leiden begegne ich letztlich Gott, der für mich in Jesus gelitten hat. So wird das Leiden zum Ort der intensivsten Gotteserfahrung und zu einem Weg, mit Gott eins zu werden. Das Leiden ist für Eckhart »das schnellste Tier, das euch zu dieser Vollkommenheit trägt, … denn es genießt niemand mehr ewige Süßigkeit als die, die mit Christus in der größten Bitterkeit stehen. Es ist nichts galliger als Leiden, und es gibt nichts Honigsüßeres als Gelitten-Haben; es entstellt nichts mehr den Leib vor den Leuten als Leiden, hingegen ziert nichts mehr die Seele vor Gott als Gelitten-Haben«. (Haas, S. 138) Eckhart weiß also um das Gallige und Bittere des Leidens. Er überspringt es nicht. Aber zugleich wird es für ihn zu einer tiefen Erfahrung von Gott. Und in Gott schmeckt der Mensch mitten im Leiden die Süßigkeit Gottes.

Was Meister Eckhart theologisch entfaltet hat, das übersetzt Johannes Tauler in das konkrete Leben hinein. Für Tauler wird das Leid eine Form des Auserwähltseins durch Gott. Es besteht in »der Ablösung von allem Verhaftetsein ans Kreatürliche«. (Haas, S. 139) Tauler nimmt das Nacktwerden Jesu vor der Kreuzigung, als man ihn seiner Kleider beraubt, als Bild für das »Entwerden« des Menschen. Der Christ muss von aller Anhänglichkeit an die Welt frei werden, damit er die Gemeinschaft mit Jesus Christus erfahren kann. Das Entwerden bildet letztlich die Bedingung dafür, dass unser Leiden ein »Gottleiden« werden kann. »Gottleiden« ist »eine innere Freiheit, ein Stillhalten und Warten auf das göttliche Wirken im Innern«. (Haas, S. 141) Das Leid, die Bedrängnis, die den Menschen von außen trifft, ist Zeichen der Gottesgeburt auf dem Grund der Seele. Der Mensch soll das Leid, das Gott ihm schickt, ausleiden, »damit Gott im Menschen einkehre«. (Ebd., S. 141) So wird das Leid für Tauler zum Zeichen der Gegenwart Gottes im Menschen. Der deutsche Mystiker kann davon sprechen, dass das Gottleiden des Menschen Seligkeit ist.

Solche Worte sind manchen Menschen sicher zu fremd, als dass sie ihnen helfen, mit ihrem Leiden umzugehen. Doch es lohnt sich zu fragen, welche Erfahrungen Meister Eckhart und Johannes Tauler zu ihren Aussagen geführt haben. Ich spüre in ihren Gedanken, dass sie nicht aus einer theoretischen Distanz heraus sprechen, sondern aus dem persönlichen Erleben von Leid und Bedrängnis. Wenn ich ihre Darlegungen mit meiner persönlichen Leiderfahrung konfrontiere, würde ich sie für mich so übersetzen: Ich muss nicht gegen das Leiden ankämpfen oder mich vor dem Leiden schützen. Ich brauche mich auch nicht unter Druck zu setzen, das Leid tapfer zu bestehen oder meine Tränen zurückzuhalten. Die Bedrängnisse meines Leidens sind vielmehr die Wehen der Gottesgeburt auf dem Grund meiner Seele. Das Leid will mich also in die Tiefe führen, auf den Grund meiner Seele. Dort will Gott in mir geboren werden. Das Leid tut mir nach wie vor weh. Und manchmal halte ich es kaum aus. Aber es ist wie bei den Wehen während einer Geburt, die für eine Frau auch unerträglich sind. Die Frau besteht sie, weil sie darum weiß, dass sie ihr Kind gebiert. So kann man das Leiden als Hinweis annehmen, dass Gott selbst in einem wirkt und sich in der Seele einbilden möchte. Diese

Sicht verwandelt mein Leiden. Ich muss es nicht abwehren. In ihm geschieht vielmehr das, wonach ich mich im Tiefsten sehne: dass Gott in mir geboren wird.

Aus der karmelitanischen Mystik ist vor allem Johannes vom Kreuz zu nennen. Er hat schon in seinem Ordensnamen zum Ausdruck gebracht, dass er Christus vor allem als den Gekreuzigten sucht und liebt. Seine Sehnsucht zielte dahin, dass sich das Bild des gekreuzigten Christus immer mehr in ihn einbildete. Dazu musste er sich seiner selbst völlig entäußern. In der Nachfolge des hl. Johannes vom Kreuz hat Edith Stein, die jüdische Philosophin und Karmelitin, das Geheimnis des Kreuzes neu bedacht. Ihr letztes Werk, das sie nicht vollenden konnte, behandelte die Kreuzeswissenschaft. Ihr gewaltsamer Tod in Auschwitz gab die Antwort auf die Gedanken, die sie in diesem Buch entfaltete. Sie konnte den für uns sinnlosen Tod in der Gaskammer in Gelassenheit und innerer Freiheit bestehen, weil sie darum wusste, dass die völlige Loslösung nicht das Letzte ist, sondern nur die Voraussetzung, dass sich Christus in sie einbildet und sie ganz und gar prägt.

Daneben gibt es in der christlichen Tradition noch andere Wege, mit dem Leiden umzugehen. In der frühen Kirche haben die Kirchenväter die stoische Philosophie herangezogen, um einen spirituellen Umgang mit dem Leid zu beschreiben. Johannes Chrysostomus hat die stoische These »Keiner kann dich verletzen außer du selbst« in die christliche Spiritualität übersetzt. In einer Predigt behandelt er diese und versucht, sie durch zahlreiche biblische Beispiele zu belegen. Für ihn sind es nicht die Menschen, die uns verletzen, oder gar die Dinge (wie

Naturkatastrophen). Vielmehr sind es die »dogmata«, die Vorstellungen, die wir uns von Dingen und Menschen machen, die uns verletzen. Er nimmt das Gleichnis Jesu vom Haus auf dem Felsen als Begründung für seine These. Er meint, auch wenn die Wellen emotionaler Ablehnung unser Haus umbranden oder die Stürme feindlicher Menschen um das Haus wehen, es wird nicht einfallen, wenn es auf den Felsen gebaut ist. Der Fels ist für Johannes Chrysostomus Christus. Wenn ich mein Lebenshaus auf den festen Grund Christus gebaut habe, wird es nicht einstürzen. Ob es einstürzt, das hängt von den Vorstellungen ab, die ich mir vom Leben mache. Wenn mir mein Erfolg, mein Besitz, meine Gesundheit, mein Ruf nach außen das Wichtigste sind, dann habe ich mein Haus auf Sand gebaut. Das Haus, das auf den Sand der Zustimmung durch andere oder auf den Sand meiner Illusionen eines leidfreien Lebens gebaut ist, stürzt ein, sobald die Wassermassen dagegen anrollen.

Für viele, die gerade von einem schrecklichen Leid getroffen werden, klingt diese stoische These, die Johannes Chrysostomus christlich interpretiert, wie ein Hohn. Sie sagen: »Ich habe mir das Leid nicht selbst gemacht, wenn mein Sohn beim Verkehrsunfall stirbt oder wenn ich unheilbar krank werde.« Es tut unendlich weh, mit solchem Leid konfrontiert zu werden. Und dennoch kann mir das Bild vom Haus auf dem Felsen helfen, dass ich in meinem Leid nicht den Boden unter den Füßen verliere und mein Lebenshaus wie ein Kartenhaus zusammenstürzt. Vieles, worauf ich mein Leben gebaut habe, wird mir im Leid weggezogen. Es trägt nicht mehr. Meine Zufriedenheit, mein Glück, meine Gesundheit, mein Erfolg, die intakte Familie, all das ist kein absolut tragfähiger Grund. Mein Lebenshaus braucht einen tieferen Grund. Und der kann nur Christus sein.

Die stoische Antwort auf den Umgang mit Leid verweist uns bei allem Schmerz, den wir nicht überspringen sollen, doch auf eine tiefere Ebene, die das Leiden zumindest relativiert. Das Leid tut weh. Es zerbricht unsere Vorstellungen vom Leben. Aber es zerstört nicht unser Lebenshaus. Selbst der Tod wird unser Lebenshaus nicht zum Einsturz bringen, sondern es nur verwandeln, damit wir eingehen in die himmlische Wohnung, die Christus uns bereitet hat.

Die stoische These hat etwas Faszinierendes an sich, aber sie hat auch ihre Grenzen. Es gibt sicher vieles, was mich verletzt, weil ich eine falsche Vorstellung von bestimmten Menschen habe. Wenn ich von einem Menschen Anerkennung und Zuwendung erwarte, dann wird mich sein gleichgültiges Verhalten verletzen. Tatsächlich ist es in diesem Moment aber nicht der Mensch, der mich verletzt, sondern meine nicht erfüllte Vorstellung, die ich mir von diesem Menschen gemacht habe.

Johannes bringt auch das Beispiel vom verlorenen Geldbeutel. Wenn ich dem Geld nicht viel Wert beimesse, dann verletzt mich dessen Verlust nicht besonders. Erst die Vorstellung, die ich mir vom Geld gemacht habe, führt dazu, dass der Verlust mich schmerzt. Gilt das auch bei Naturkatastrophen? Johannes würde sagen: Auch wenn ich bei einem Erdbeben oder bei der Flutkatastrophe umkomme, so wird mein Lebenshaus dadurch nicht zerstört. Es wird den Tod überdauern. In den Berichten über die Flutkatastrophe von Weihnachten 2004 war es vor allem der Schmerz über den Verlust lieber Angehöriger, der uns am meisten betroffen machte. Wenn eine Familie alle Kinder verloren hat, dann trifft sie ein Schmerz, den niemand wegdiskutieren kann. Auch die genannte stoische These kann diesen Schmerz nicht lindern. Wir dürfen die stoische Antwort auf die Leidensfrage daher nicht absolut setzen. Denn sie arbeitet eher intellektuell. Wir Menschen haben aber nicht nur einen Verstand, sondern auch Gefühle und einen Leib. Beides wird durch Krankheit und Katastrophen so in Mitleidenschaft gezogen, dass die Argumente des Verstandes am Schmerz abprallen. Und erst wenn sich die Gefühle beruhigt haben, kann uns die Antwort, die uns Johannes Chrysostomus auf dem Hintergrund stoischer Philosophie mit dem Bild vom Haus auf dem Felsen gibt, die Richtung zeigen, in der wir ganz persönlich auf die Herausforderung des Leidens antworten können.

Nach der stoischen Philosophie können wir dem Schicksal nicht entrinnen. Und dieses meint es nicht immer gut mit uns. Die Lösung der Philosophie besteht nun darin, sich auf das innere Heiligtum, das »autos«, zurückzuziehen. Dort ist der Mensch unverletzlich. Das klingt für uns herzlos. Und es besteht sicher auch die Gefahr, wenn man sich allein von dieser Philosophie leiten lässt, dass man sich den Gefühlen und Affekten gegenüber verschließt. Aber dennoch ist ein Körnchen Wahrheit in dieser These. Wir haben keine Garantie auf Gesundheit, auf gesunde Kinder, auf ein unverletztes und ungefährdetes Leben. Die stoische Philosophie fragt nicht, woher das Leid kommt und warum es uns trifft. Sie nimmt es einfach als Tatsache an. Und sie zeigt dem Menschen Wege auf, wie er damit umgehen kann.

Die christliche Frömmigkeit hat diese Wege übernommen, sie aber in ihrem Sinne umgedeutet – und zwar mit den beiden Bildern vom Haus auf dem Felsen und vom inneren Heiligtum. Wenn ich mich von Gott her definiere und mein Haus auf den Felsen baue, dann haben die äußeren Widerfahrnisse nicht mehr die zentrale Bedeutung für mich. Mein Haus steht auf dem Felsen Christus. Es kann weder durch den eigenen Tod noch durch den Tod lieber Menschen, weder durch Verlust meiner Habe noch durch Krankheit und psychisches Leid zerstört werden. Das Bild des Heiligtums wird sichtbar im Wort Jesu, dass es uns vor allem um das Reich Gottes gehen soll. (Lk 12,31) Das Reich Gottes ist in uns. Es ist der innere Raum, in dem Gott in uns wohnt und in uns herrscht. Dort hat auch das Leid seine zerstörerische Kraft verloren. Lukas hat sogar den stoischen Ausdruck »autos«, der das innere Heiligtum meint, in seiner Erzählung von der Auferstehung Jesu übernommen. In der Auferstehung ist Jesus ganz »autos« geworden und will uns dazu führen, dass wir ganz wir selbst sind. Dort, wo ich »autos« bin, dort kann das Leid mich nicht mehr bedrängen, dort kann selbst der Tod mich nicht mehr zerstören.

Wie kann Gott das Leid zulassen?
Anfechtung des Gottesbilds durch das Leid

Leiden ist immer auch eine Herausforderung an mein Gottesbild. Die Theodizeefrage ist von einem Gottesbild geprägt, das sich vor dem Urteil menschlicher Vernunft rechtfertigen muss. Gott wird in diesem Fall vor den Richterstuhl menschlicher Gerechtigkeit gestellt. Dabei wird die menschliche Gerechtigkeit zum Richter. Unser Gottesbild ist geprägt vom Bild des barmherzigen und allmächtigen Gottes. Wenn Gott barmherzig ist, dann muss er das Leid verhindern. Und wenn er allmächtig ist, dann kann er es auch. Warum tut er es also nicht?

Alle Gründe, die wir für oder gegen Gott vorbringen, gehen davon aus, dass wir genau wissen, wie Gott zu sein hat. Doch jedes Leid stellt unser Gottesbild infrage. Es ist kein Beweis gegen Gott. Aber es ist eine Herausforderung, dass wir das Elend eines Menschen mit unserem Gottesbild in Einklang bringen müssen. Wenn wir ein unschuldiges Kind leiden sehen, dann bleiben uns unsere Aussagen vom »lieben Gott«, der alles zum Guten lenkt, im Hals stecken. Da können wir nicht so einfach von Gott und seiner Barmherzigkeit sprechen. Es ist der unbegreifliche Gott, der uns dort erscheint. Es geht dann nicht darum, das Leid und Gott zusammenzubringen, sondern angesichts des Leids zu fragen: Wer ist Gott? Habe ich mir bisher zu einfache Vorstellungen von ihm gemacht? Immerhin muss ich die Wirklichkeit dieser leidvollen Welt ernst nehmen. Wie kann ich dann an Gott glauben? Und an welchen Gott glaube ich?

Natürlich gilt nach wie vor die Aussage des ersten Johannesbriefes: »Gott ist die Liebe und wer in der Liebe bleibt, der bleibt in Gott.« (1 Joh 4,16) Doch wie soll ich das verstehen? Letztlich geht es darum, sich in diese unbegreifliche Liebe Gottes hinein zu ergeben. Sie ist so anders, als ich mir sie vorgestellt habe. Daher bleibt für mich nur die Antwort Karl Rahners glaubhaft: Das Leiden ist und bleibt unbegreiflich. Und das Leiden anzunehmen bedeutet, den unbegreiflichen Gott zu bejahen. Ich verzichte auf alle theologischen Spekulationen, mein Gottesbild mit dem Leid in Übereinstimmung zu bringen. Ich ergebe mich in die Unbegreiflichkeit des Leidens und darin in das unbegreifliche Geheimnis Gottes.

Johann Baptist Metz erklärt, in der Theodizeefrage gehe es nicht darum, Gott angesichts des Leids zu rechtfertigen, sondern vielmehr um die Frage: »wie denn überhaupt von Gott zu reden sei angesichts der Leidensgeschichte der Welt«.

(Metz, S. 126) Christliche Theologie – so meint Metz – kreise weniger um die Frage »Wer ist Gott?« als vielmehr um die Frage, die wir schreiend an Gott richten: »Wo bleibst du? Wo bleibt mein Gott?« (Ebd., S. 129) Das Christentum ist von seinem Wesen her »memoria passionis = Gedächtnis des Leidens«. Daher dürfen wir von Gott nicht sprechen, ohne die vielen leidenden Menschen zu vergessen. Das Leid fordert uns heraus, an Gott zu appellieren, sich als Gott zu erweisen, als der, der uns heilt und erlöst, als der, der uns mitten im Leid einen Weg zum Leben weist. Aber unser Sprechen von Gott muss – so plädiert Metz – »theodizee-empfindlich« bleiben. Sonst sind wir in Gefahr, Gott als bloße Beruhigung des Menschen in seinem Leid zu missbrauchen. Das Leid ist für Metz kein Argument gegen Gott, aber doch eine ständige Herausforderung, von Gott richtig zu reden und sich zu verabschieden von der Projektion der Träume von einer heilen Welt auf Gott.

Ein solches Gottesbild, das wir vor den Richterstuhl menschlicher Vernunft zerren, ist geradezu typisch für das Abendland. In Afrika haben die Menschen mit dem Leid weniger Probleme. Sie vertrauen darauf, dass Gott schon weiß, wozu all das gut ist. Gott wird alles lenken. Gott wird sehen. Die Afrikaner kommen gar nicht auf die Idee, angesichts des Leids an Gott zu zweifeln. Sie vertrauen trotzdem auf Gott. Er lenkt das Leben anders, als wir es uns vorstellen. Aber er wird es zum Guten lenken. Eine ähnliche Tradition gibt es im Westen auch. Bei allem, was uns an Unverständlichem geschieht, antwortet diese: »Deus providebit.« Gott wird sehen. Gott wird darüber hinaus sehen. Er wird einen Weg zeigen. Dieses Vertrauen verzichtet darauf, Gott auf ein bestimmtes Bild festzulegen. Das Leid zerbricht die menschlichen Maßstäbe. Es entmachtet die Vernunftgründe, die für oder gegen Gott sprechen. Es ist eine Einladung, sich in Gott hinein zu ergeben. Trotz allem, was ich als Mensch nicht verstehe, halte ich an diesem unbegreiflichen Gott fest. Und ich vertraue darauf, dass Gott schon weiß, wozu alles gut ist. Uns erscheint das als Resignation oder als Ergebung in das unvermeidliche Schicksal. Doch wer tief gläubige Afrikaner gesehen hat, die angesichts des Leids an Gott festhalten und Gott keine Vorwürfe machen, der kann das nicht einfach als passive Frömmigkeit abtun. Es geht von dieser Spiritualität etwas aus, das uns westlichen Menschen guttäte.

Wie soll ich noch glauben?
Dem Leiden im Gebet eine Sprache geben

Leiden erschüttert auch meinen Glauben. Ich kann nicht einfach weiter glauben, wie ich das bisher immer getan habe. Das Leiden stellt meinen Glauben infrage. Habe ich auf falsche Versprechungen Gottes gesetzt? Ist der Glaube nur Illusion? Zerbricht er, sobald Leid ihn auf die Probe stellt? Im Gespräch mit Leidenden höre ich beide Stimmen: die Stimme derer, die durch die Erfahrung des Leidens ihren Glauben vertieft haben; und die Stimme derer, die ihren Glauben verloren haben, weil das Leid für sie zu unerträglich war und ist. Diese Menschen sind früher gerne zur Kirche gegangen. Doch jetzt geht es nicht mehr. Die Worte der Bibel gehen an ihnen vorbei, denn sie sind zu schön, um wahr zu sein. Und manche Predigten machen die Betroffenen wütend, weil sie den unbedarften Kirchenbesuchern eine heile Welt vorgaukeln, die es für sie selbst so nicht mehr gibt.

Die Frommen des Alten Testamentes haben ihren Glauben durch die Erfahrung des Leidens hindurch gerettet, indem sie ihren Schmerz und ihre Wut, ihr Hadern und ihre Klage im Gebet vor Gott gebracht haben. Sie sind nicht verstummt in ihrem Leid, sondern haben es vor Gott herausgeschrien. Das hat ihnen offensichtlich geholfen, trotz allen Leids an Gott festzuhalten. Denn alle Gefühle, die in ihnen auftauchten, konnten sie so zum Ausdruck bringen. Dabei haben sie sich nicht gescheut, Gott anzuklagen, ihm ihre Enttäuschung vorzuhalten und ihn aufzufordern, sich doch endlich als gnädiger Gott zu erweisen, der sich um sie kümmert und sie aus ihrer Not errettet.

Den Frommen Israels bedeutete es eine große Herausforderung, zu akzeptieren, dass die Frömmigkeit keine Garantie war, von Unheil und Unglück bewahrt zu bleiben. In den Psalmen geht es daher immer wieder um die Frage, warum es den Gottlosen so gut und den Frommen so schlecht geht. Da betet der Psalmist: »Warum, o Gott, hast du uns verstoßen für immer? Was raucht dein Zorn wider die Schafe deiner Weide?« (Ps 74,1) Dann erinnert der Beter Gott daran, dass er doch von alters her Taten des Heils auf der Erde vollbracht hat. Warum hat Gott jetzt seine Hand zurückgezogen, sodass die Feinde triumphieren? Und dann fleht er Gott an: »Erhebe dich, Gott, und führe deine Sache! Vergiss nicht das Geschrei deiner Gegner, das Toben deiner Widersacher, das ständig emporsteigt!« (Ps 74,22f)

In Psalm 73 denkt ein Frommer darüber nach, warum es den Frevlern so gut geht. »Ich habe mich über die Prahler ereifert, da ich das Glück der Frevler sah: Sie haben keine Qualen, ihr Leib ist gesund und wohlgenährt.« (Ps 73,3f) Und dann schaut er auf sich: »Wahrlich, umsonst bewahrte ich lauter mein Herz und wusch meine Hände in Unschuld. Ich wurde ja alle Tage geplagt und jeden Morgen von Neuem gezüchtigt.« (Ps 73,13f) Der Beter quält sich mit dem Gedanken an sein eigenes Leid und an die Frevler, denen es so gut geht. Doch dann tritt er ins Heiligtum Gottes und meditiert über das Schicksal des Menschen. Dort geht ihm auf: »Wahrlich, du stellst sie auf schlüpfrigen Grund, in Trug und Täuschung lässt du sie fallen.« (Ps 73,18) Und er bekennt, dass er in seiner Klage letztlich töricht war und ohne Verstand. Jetzt erkennt er: »Du leitest mich nach deinem Ratschluss, hernach nimmst du mich auf in Herrlichkeit. Wen sonst hab' ich im Himmel? Bin ich bei dir, habe ich keine Lust an der Erde.« (Ps 73,24f) Im Gebet wandelt sich seine Sicht des Leids. Und er erkennt, dass er letztlich immer bei Gott ist und Gott ihn nicht verlässt – auch wenn es ihm zeitweise sehr schlecht geht.

Immer wieder schreiben mir Menschen in ihren Briefen, dass es ihnen so schlecht ginge. Sie erzählen, dass sie keine Kraft mehr hätten. Die Gründe sind verschiedenen Ursprungs: Die einen werden von Schulden immer mehr bedrückt. Andere leiden darunter, dass ihre Kinder andere Wege gehen oder dass diese krank, depressiv, vom rechten Weg abgekommen sind. Viele bekräftigen dann, dass sie ständig beten würden. Aber trotz allen Betens wird es einfach nicht besser. Manchmal fragen mich diese Menschen dann, ob sie etwa falsch beten würden oder irgendetwas nicht richtig machen, weil sich so gar nichts ändert. Das zeugt von einem eigenartigen Verständnis von Gebet. Sie denken, sie bräuchten Gott nur zu bitten, immer wieder zu bitten, dann würde er schon helfen. Und wenn er nicht hilft, zweifeln sie entweder an Gott oder an ihrem Beten. Sie meinen, sie hätten zu wenig Vertrauen, und suchen dann bei anderen Unterstützung.

Es ist sicher gut, auch andere um ihr Gebet zu bitten. Doch manchmal – so scheint mir – ist solches Gebet vom Leistungsgedanken getrübt, von der Einstellung: »Je mehr ich bete, desto eher muss Gott doch helfen.« Manchmal schauen die Leute die Probleme nicht wirklich an. Sie bitten Gott, dass er alles lösen soll. Aber sie strengen sich nicht an, die Probleme offen anzuschauen und anzugehen. Probleme anschauen würde heißen, das eigene Lebenskonzept infrage zu stellen. Das würde zu Demut führen. Nur das Gebet, in dem ich meine Wahrheit Gott schonungslos hinhalte, wird weiterhelfen. Aber es hilft nicht immer in dem Sinn, dass Gott mir alle Steine aus dem Weg räumt. Vielleicht gibt er mir einfach nur die Kraft durchzuhalten. Irgendwann wird dann eine Lösung in mir aufsteigen oder die äußeren Umstände verändern sich, und auf einmal zeigt sich ein Weg, wie ich weitergehen kann.

Jesus hat im Lukasevangelium gezeigt, wie das unaufhörliche Gebet unsere Situation zu wandeln vermag. Dieses Evangelium zeigt Jesus vielfach als den großen Beter. Vor wichtigen Situationen in seinem Leben hat er gebetet. In seiner Passion kommt sein eigenes Beten zur Vollendung.

Im Gleichnis vom gottlosen Richter und der Witwe, die von einem Feind bedrängt wird, fordert uns Jesus auf, allzeit zu beten und darin nicht nachzulassen. (Lk 18,1–8) Die Witwe hat nach außen hin keine Chance. Sie wird von einem Feind andauernd verletzt. Sie kämpft für sich und geht immer wieder zum Richter. Doch der Richter hat absolut keine Lust, ihr zu helfen. Er kümmert sich nicht um die Not der Menschen. Doch da die Witwe hartnäckig und beständig zum Richter geht, bekommt der auf einmal Angst, die Frau könne ihm das Auge blau schlagen. Mit diesem humorvollen Selbstgespräch des Richters, in dem der mächtige Richter sich vor der schwachen Witwe fürchtet, lädt uns Jesus ein, im Gebet nicht nachzulassen: »Sollte Gott seinen Auserwählten, die Tag und Nacht zu ihm schreien, nicht zu ihrem Recht verhelfen, sondern zögern? Ich sage euch: Er wird ihnen unverzüglich ihr Recht verschaffen.« (Lk 18,7f) Auch wenn unser Gebet gegenüber den Mächten dieser Welt keine Chance zu haben scheint, es wird unsere Not doch wenden, wenn wir nicht nachlassen.

Doch entspricht dieses Gleichnis wirklich unserer Erfahrung? Haben wir nicht oft tage- und nächtelang gebetet und keine Hilfe erfahren? Wir dürfen das Recht, das Gott uns im Gebet verschafft, nicht rein äußerlich verstehen, so als ob Gott den Feind vernichtet und uns befreit von allem, was uns bedrängt, dass er uns die Schulden nimmt und den kranken Sohn gesund macht. Solche äußeren Verwandlungen können durchaus auch im Gebet geschehen.

Manchmal gibt es Wunder, die wir dem Gebet zuschreiben. Doch wenn es kein Wunder gibt, dürfen wir die Schuld nicht bei uns suchen, als ob wir zu wenig vertrauensvoll gebetet hätten. Denn in solchem Vorwurf wird ja deutlich, dass wir eigentlich einen Anspruch hätten auf Gottes Eingreifen. Und Gott sollte genauso eingreifen, wie wir uns das vorstellen. Da wird unser Beten mit einem Leistungsgedanken infiziert, der es letztlich verfälscht. Jesus spricht vom Recht auf Leben. Wenn ich bete, erfahre ich im Grunde schon dieses Recht. Denn im Gebet komme ich in Berührung mit dem inneren Raum, in dem

Gott in mir wohnt. Zu diesem Raum hat der Feind keinen Zutritt. Da kann mich niemand verletzen. Da hat letztlich auch das Leid keinen Zutritt. Dort bin ich heil und ganz.

An anderer Stelle ringt Jesus am Ölberg mit Gott, dass er den Kelch von ihm nehmen möge. Aber zugleich ergibt er sich in Gottes Willen. Ein Engel steigt vom Himmel herab und stärkt ihn. Der Engel nimmt Jesus nicht das Leid, doch er gibt ihm neue Kraft, sodass er sich nun schonungslos seinem Leid zu stellen vermag. Als Antwort auf das Erscheinen des Engels betet er »in seiner Angst noch inständiger, und sein Schweiß war wie Blut, das auf die Erde tropfte«. (Lk 22,44) Das Beten Jesu war ein Ringen. Es brachte ihn in Berührung mit der tief in seinem Herzen sitzenden Angst vor den Schmerzen der Passion und vor dem grausamen Sterben am Kreuz. Doch als Jesus im Gebet seinen Schmerz und seine Angst, seine Ohnmacht und seine Verzweiflung zuließ, da wandelte sich seine Haltung. Nun ging er gefasst in die Passion hinein. Und am Kreuz, als die Schmerzen unerträglich wurden und Juden und Römer ihn verspotteten, da gab ihm das Gebet die Möglichkeit, sich innerlich von der bedrängenden Macht des Leides zu distanzieren. Er betete sogar noch für seine Spötter und seine Mörder: »Vater, vergib ihnen, denn sie wissen nicht, was sie tun.« (Lk 23,34) Im Gebet wandte er sich an den Vater. Und so verloren die, die ihn verspotteten und die ihm Schmerzen bereiteten, ihre Macht. Jesus ließ sich nicht vom Leid bestimmen, sondern vom Vertrauen auf Gott, der auf ihn schaut. Und so starb er betend mit den Worten von Psalm 31, dem Abendgebet der frommen Juden: »Vater, in deine Hände lege ich meinen Geist.« (Lk 23,46)

Das Beten nimmt im Lukasevangelium der Grausamkeit

ihre Macht. Sogar über dem Sterben Jesu liegt noch eine Atmosphäre von Vertrauen und Liebe. So erkennt der Hauptmann, dass dieser Jesus wahrhaft ein gerechter Mensch war, dass er die Sehnsucht der Griechen nach dem wahrhaft gerechten Menschen erfüllt hatte, so wie sie Platon in seiner Schrift »Politeia« beschrieben hatte.

Im Gebet, im Ringen mit Gott, darf am Anfang auch die Klage stehen. Die Psalmen laden uns ein, immer wieder mit Gott zu hadern und ihm Vorwürfe zu machen, dass er uns nicht beachtet hat. Die Klage darf immer wieder aus uns hervorbrechen. Jesus selbst hat uns ein Vorbild für diese Klage gegeben, wenn er am Kreuz schreit: »Mein Gott, mein Gott, warum hast du mich verlassen?« (Mk 15,34) Selbst Jesus hat sich am Kreuz also von Gott verlassen gefühlt. Aber er ist an diesem Gefühl nicht verzweifelt, sondern er hat es Gott gegenüber ausgedrückt. Indem er sich in seiner Verlassenheit an Gott wendet, wandelt sich auch die Verzweiflung in die Ahnung eines Vertrauens, das auch durch den Tod nicht zerstört werden kann. Wir dürfen davon ausgehen, dass Jesus nicht nur diesen einen Vers am Kreuz gebetet hat, sondern den ganzen Psalm 22. In diesem Psalm schildert er dem Vater seine Not, die er am Kreuz erlebt: »Meine Rettung bleibt fern, so laut ich auch schreie.« (Ps 22,2) Er erlebt sich als Wurm, vom Volk verachtet. Die Knochen fallen ihm auseinander. »Mein Herz ist geworden wie Wachs, es zerschmilzt mir im Innern.« (Ps 22,15) Dann wendet er sich wieder an Gott mit der flehentlichen Bitte: »Rette mich aus dem Rachen des Löwen und vor den Hörnern der Stiere.« (Ps 22,22) Der Psalm mündet schließlich in die vertrauensvollen Worte: »Er hat nicht verachtet, er hat nicht verabscheut das Elend des Armen, er hat sein Antlitz nicht vor ihm verborgen und hat gehört, als er zu ihm schrie.« (Ps 22,25) Durch die Klage und Anklage, durch das Ausdrücken seiner Verzweiflung, durch die Schilderung seiner Not und Verlassenheit hindurch betet sich Jesus am Kreuz in das Vertrauen hinein, dass er letztlich doch nicht von Gott verlassen ist, dass selbst in dieser äußersten Not, in der er am Kreuz mit dem Tode ringt und schließlich unter äußerster Qual stirbt, nicht verlassen ist, sondern in Gottes Hände hineinstirbt. Gott wird selbst diesen Tod verwandeln.

Für viele, die einen lieben Menschen im Tod verloren haben, ist das Gebet Jesu am Kreuz ein tröstliches Vorbild geworden. Wenn Eltern ihr Kind bei einem Verkehrsunfall oder durch eine heimtückische Krankheit verlieren, dann können sie sich nicht sofort in Gottes Willen ergeben, dann können sie auch kaum mit Hiob sagen: »Der Herr hat gegeben, der Herr hat genommen; gelobt sei der Name des Herrn.« (Hiob 1,21) Viel eher beginnt das Gebet mit einer Anklage: »Warum hast du uns das Kind genommen? Warum musste das geschehen? Hättest du nicht auf unsere Gebete hören können? Hättest du das Kind nicht schützen können? Warum hat es sein Schutzengel nicht vor dem Tod bewahrt?« Solche Klagen dürfen und sollen Gott gegenüber zum Ausdruck kommen. Manche Menschen haben Angst, Gott im Gebet anzuklagen. Sie meinen, sie dürften Gott nicht infrage stellen. Doch gerade die Psalmen laden uns ein, Gott immer wieder unsere Klage zuzumuten. Der Psalmist bleibt jedoch nicht in der Klage stecken. Er klagt, bis sich seine Klage in Vertrauen wandelt, in die Gewissheit, dass Gott ihn erhört.

Das beste Beispiel für die Klage und schließlich für die Ergebung in Gottes Willen bietet uns das Buch Hiob: Hiob beginnt nach dem Verlust seiner Habe, seiner Kinder und seiner Gesundheit die Klage mit den Worten: »Ausgelöscht sei der Tag, an dem ich geboren bin, die Nacht, die sprach: Ein Mann ist empfangen. […] Warum starb ich nicht vom Mutterschoß an weg, kam ich aus dem Mutterleib und verschied nicht gleich?« (Hiob 3,3.11) Die Freunde reden auf den Verzweifelten ein. Sie loben ihn, dass er so viele erschlaffte Hände gestärkt habe. Doch jetzt, da ihn Leid träfe, reagiere er verstört. Er solle doch Gottes Willen annehmen. Gott täte nichts Unrechtes. Wenn einen Leid trifft, dann hat es immer einen Grund in seiner Schuld. Doch Hiob wehrt sich gegen diese Vorwürfe. Er hat keine Schuld auf sich geladen. Er hat sich immer bemüht, Gottes Willen zu erfüllen. Daher kann er sich nicht einfach in das Leid ergeben. Er wirft Gott vor: »Schuldlos wie schuldig bringt er um. Wenn die Geißel plötzlich tötet, spottet er über der Schuldlosen Angst.« (Hiob 9,22f) Und immer wieder klagt er über das Leid, das über ihn gekommen ist: »Zum Ekel ist mein Leben mir geworden, ich lasse meiner Klage freien Lauf, reden will ich in meiner Seele Bitternis.« (Hiob 10,1) Die Freunde können ihn nicht überzeugen, Hiob hält an seiner Klage über sein Elend und an seiner Anklage gegenüber Gott fest.

Nach all den Reden und Gegenreden antwortet Gott selbst dem Hiob. Doch er gibt keine befriedigende Antwort auf die Frage, warum der Mann so viel Leid erdulden musste. Gott zeigt ihm nur die Größe und Schönheit der Schöpfung, aber auch die Kraft des Gewitters und Sturmes, die Kraft des Nilpferdes und die Schnelligkeit des Straußes. Hiob schaut auf die Wunder der Schöpfung und fällt staunend vor Gott nieder: »So habe ich denn im Unverstand geredet über Dinge, die zu wunderbar für mich und unbegreiflich sind. [...] Darum widerrufe ich und atme auf, in Staub und Asche.« (Hiob 42,3.6) Zuletzt lobt Gott den Hiob und wendet sich gegen die Freunde, da diese nicht recht von ihm geredet haben. Und er wendet das Geschick Hiobs. Er mehrt seinen Besitz auf das Doppelte und schenkt ihm nochmals sieben Söhne und drei Töchter.

Nicht jedes Leid endet in einer solchen Wendung des Schicksals wie bei Hiob. Manchmal verfolgt uns das Leid bis in den Tod. Das Buch Hiob gibt uns den Mut, unseren Gefühlen Gott gegenüber freien Lauf zu lassen, all die Enttäuschung und Bitterkeit, die Verzweiflung und Hoffnungslosigkeit auszudrücken in dem Vertrauen, dass Gott uns hört. Indem wir alles, was das Herz bewegt, Gott hinhalten, dürfen wir darauf vertrauen, dass in der Tiefe unserer Seele Wandlung geschieht, dass wir auf einmal auch das Gute wieder sehen, das Gott uns in unserem Leben geschenkt hat. Für Hiob war es zuerst das Wunder der Schöpfung, das er wieder bestaunen konnte. Die Schöpfung bleibt trotz unseres Leids in seiner Schönheit und Kraft bestehen. Wenn wir uns ihr zuwenden, relativiert sich unser Leid. Allerdings habe ich oft von Trauernden gehört, sie hätten früher die Natur so geliebt. Wenn sie durch den Wald gegangen seien, wären sie erfrischt zurückgekommen. Doch jetzt freut sie nichts mehr. Sie sehen die Schönheit der Natur nicht mehr. Sie spüren ihre belebende Kraft nicht. Der Weg, den Gott dem Hiob gezeigt hat, gelingt also nicht, wenn wir noch mitten im Leid stecken. Hiob musste sich erst heiser schreien, bis er vor Gott angesichts seiner Schöpfung niederfallen und ihn anbeten konnte. So sollen auch wir uns Zeit lassen. Aber wir dürfen und sollen darauf hoffen, dass sich die

Klage in Tanz und die Trauer in Freude wandelt und wir mit dem Psalmisten sprechen können: »Da hast du mein Klagen in Tanzen verwandelt, hast mir das Trauergewand ausgezogen und mich mit Freude umgürtet. Darum singt dir mein Herz und will nicht verstummen.« (Ps 30,12f)

Viele Christen haben ihr Leid durch das Gebet verwandelt. Meine Mutter hatte die letzten zwanzig Jahre ihres Lebens nur noch drei Prozent Sehkraft. Dadurch konnte sie vieles nicht mehr tun, was ihr lieb und teuer war. Doch sie hat darüber nicht gejammert. Sie hat ihre Beschränkung dazu benutzt, jeden Tag für ihre Kinder und Enkelkinder zwei Rosenkränze zu beten. Das Gebet für andere hat ihr geholfen, sich nicht auf ihre Behinderung zu fixieren, sondern sie fruchtbar für andere zu machen. Und sie hat ihr Leiden für ihre Kinder und Enkelkinder aufgeopfert. Heute tun wir uns schwer mit diesem Wort »aufopfern«. Aber für sie war es ein Weg, ihr Leiden zu bewältigen und es fruchtbar für andere zu machen. Sie hatte eine Ahnung davon, dass ihr Leiden nicht sinnlos war. Das Gebet hat ihr geholfen, es anzunehmen als ihren Anteil des Kreuzes, den sie willig tragen wollte. Und sie hat im Leiden gespürt, dass auch eine positive Kraft darin lag. So war das Aufopfern für sie der Weg, ihrem Leiden einen Sinn zu geben und es als etwas zu sehen, was gerade sie anderen geben konnte. Das Leid hat sie nicht zerbrochen, sondern geöffnet für die Menschen. Und es gab ihr ihre Würde. Das hat sie ausgezeichnet. Das konnte sie anderen weitergeben. Sie kam sich nicht hilflos und verlassen vor, sondern erkannte, dass sie gerade dort, wo sie nach außen nichts mehr tun konnte, das Kostbarste zu geben vermochte: ihre Liebe, mit der sie ihr Leiden für andere aufgeopfert hat. Sie hat ihre Behinderung dazu benutzt, für andere zu beten.

Bei Hiob heißt es, dass Gott gerade dann sein Schicksal wendete, »als er für seinen Nächsten Fürbitte einlegte«. (Hiob 42,10) Wer in seinem Leid die Fixierung auf die eigene Not aufgibt und seine Ohnmacht dazu benutzt, für andere zu beten, für den wandelt sich sein Schicksal. Er gibt seinem Leiden Sinn. Und damit sieht sein Leben auf einmal anders aus. Es wird fruchtbar für andere.

Warum diese Prüfung? Leiden als Reifungsweg

In der Tradition wird das Leiden oft als Prüfung verstanden und als Herausforderung, daran zu reifen. Karl Rahner meint, darin liege sicher ein Stück Wahrheit. Das Leiden sei für uns ein Appell: »Lebe so, dass das dir und deiner Umgebung auferlegte Leid dich in deiner letzten Haltung auf Gott nicht zerstöre in Verzweiflung hinein, sondern dich vollende, auch wenn dieser Reifungsprozess durch alle Abgründe des Sterbens und des Todes mit Jesus führen sollte.« (Rahner, S. 460) Doch Rahner hält zugleich auch diese Antwort nicht für ausreichend. Denn es gibt auch »Leid, das bei allem guten Willen, es human und christlich zu bestehen, zerstörerisch wirkt, den Menschen einfach überfordert, seinen Charakter verbiegt und beschädigt […], das nicht in einen Prozess der Reifung und personalen Bewährung integriert werden kann«. (Ebd., S. 460 f)

Wen das Leid getroffen hat, der reagiert oft allergisch auf die Vorstellung, dass er durch das Leiden reifen solle. Und trotzdem kann im Leid eine Chance stecken, innerlich weiterzukommen. Im Wissen darum, dass das Leiden den Reifungsweg unterstützen kann, aber nicht muss, möchte ich einige Gedanken darlegen, wie der Schweizer Therapeut C. G. Jung das Leiden von der Psychologie her bewertet hat: Für C. G. Jung war es eine wichtige Frage, wie der Mensch mit dem Leid umgeht. Immer wieder setzt er sich mit der Frage des menschlichen Leids auseinander. Er meint, die christliche Lehre vom Sinn und Wert des Leidens sei »von eminenter therapeutischer Bedeutung und für den westlichen Menschen unzweifelhaft viel geeigneter als der islamische Fatalismus«. (Jung, Band 16, S. 87 f) In einem Brief an einen indischen Philosophen schreibt Jung ferner: »Ich glaube, dass Leiden ein wesentlicher Bestandteil des menschlichen Lebens ist, ohne den wir niemals irgendetwas tun würden. Immer versuchen wir, dem Leiden auszuweichen. Wir tun das auf millionenfache Weise, aber nie gelingt es ganz. Deshalb bin ich zu dem Schluss gekommen, dass man tunlichst versuchen sollte, wenigstens einen Weg zu finden, der es den Menschen ermöglicht, das unausweichliche Leiden zu tragen, welches das Los einer jeden menschlichen Existenz ist. Wenn es jemand wenigstens erreicht, Leiden zu ertragen, hat er schon eine fast übermenschliche Aufgabe erfüllt. Das kann ihm ein gewisses Maß an Glück oder Befriedigung gewähren.« (Jung, Briefe 1, S. 299)

In einem Gespräch mit dem evangelischen Theologen Walter Uhsadel meinte C. G. Jung, die Grundfrage nach dem gelingenden Leben sei die Frage, wie der Mensch mit dem Leid umgehe. Und er vergleicht die Art und Weise, wie Jesus und Buddha sich zum Leid verhielten: »Christus erkennt im Leiden einen positiven Wert, und als Leidender ist er menschlicher und wirklicher als Buddha. Buddha versagte sich das Leiden, damit aber auch die Freude. Er war von Gefühlen und Emotionen abgeschnitten und darum nicht wirklich menschlich. In den Evangelien ist Christus so geschildert, dass er nicht anders denn als Gottmensch verstanden werden kann, obwohl er eigentlich nie aufgehört hat, Mensch zu sein, während sich Buddha schon zu Lebzeiten über das Menschsein erhoben hat.« (A. Jaffe, Erinnerungen, S. 283 Anm.) Jung empfiehlt im Anschluss, der östliche Mensch möchte »sich des Leidens entledigen, indem er das Leiden abstreift. Der abendländische Mensch versucht, das Leiden durch Drogen zu unterdrücken. Aber das Leiden muss überwunden werden, und überwunden wird es nur, indem man es trägt. Das lernen wir allein von ihm.« (Jung, Briefe I, S. 300) Damit verwies Jung auf den Gekreuzigten, von dem ein Bild in seinem Arbeitszimmer hing. Es hilft nicht weiter, das Leid mit irgendwelchen Drogen zu überspielen, sei es die Droge Alkohol oder die Droge Arbeit. Der einzige Weg bestand für Jung darin, das Leiden anzunehmen und es zu tragen. Dabei kann die Religiosität eine große Hilfe sein. Das gilt vor allem im Umgang mit seelischen Leiden. Jung ist überzeugt, »dass eine echte Religiosität das beste Heilmittel ist für alle seelischen Leiden«. (Jung, Briefe I, S. 157)

Wer dem Leid aus dem Weg geht, sucht sich dafür Ersatzleiden. Und das bedeutet für Jung die Neurose. Manche Neurosen sind ein Versuch, dem mit meiner endlichen Existenz notwendigerweise verbundenen Leiden auszuweichen. Das bedeutet, ich möchte meine Begrenztheit nicht annehmen, sondern fliehe lieber in die Neurose, in der ich das grandiose Idealbild meiner selbst aufrechterhalten kann. Ich möchte mich meiner Schuld nicht stellen und nehme lieber eine Zwangsneurose in Kauf, in der ich unbewusst ständig um die Schuld kreise und sie abwaschen oder kontrollieren möchte. Ich bin nicht bereit, meine Angst anzuschauen und anzunehmen. Doch dann quälen mich Panikattacken und zwingen mich, mich mit meiner Angst auszusöhnen. »So oft verbirgt sich hinter der Neurose all das natürliche und notwendige Leid, das man zu ertragen nicht gewillt ist. Am deutlichsten sieht man das an hysterischen Schmerzen, die im Heilungsprozess vom entsprechenden seelischen Schmerz, den man vermeiden wollte, abgelöst werden.« (Jung, Band 16, S. 87)

Jung hält fest, dass der Konflikt zwischen dem Bewussten und Unbewussten, zwischen dem Selbstbild und dem eigenen Schatten, notwendigerweise zum Menschen gehört. Und dieser Konflikt bedeutet immer auch Leiden. »In keinem Fall werden Konflikte durch geschickte Tricks oder intelligente Lügen gelöst, sondern dadurch, dass man sie aushält. Sie müssen sozusagen erhitzt werden, bis die Spannung unerträglich wird; dann verschmelzen die Gegensätze langsam miteinander. Es ist eine Art alchemistischer Prozedur, aber keine rationale Wahl und Entscheidung. Leiden ist der unerlässliche Teil. Jede wirkliche Lösung wird nur durch intensives Leiden gefunden.« (Jung, Briefe I, S. 297)

Für Jung besitzt das Leiden damit also einen Sinn. Und nur wenn man den Sinn darin sieht, kann man es tragen. Der Sinn des Leidens besteht für Jung darin, die Gegensätze im Menschen miteinander zu verbinden und den Menschen auf einen höheren Bewusstseinszustand zu heben: »Das Heil höherer Bewusstheit ist die genugtuende Antwort auf das Leiden, das sonst sinnlos und daher unerträglich bleiben würde.« (Jung, Briefe III, S. 38)

Eine Hilfe, mit dem Leid fertig zu werden und es als notwendigen Schritt zur Selbstwerdung anzunehmen, besteht für Jung im Symbol des Kreuzes. Er ist überzeugt, dass das Kreuz uns zeigt, dass auch unser Weg der Menschwerdung letztlich eine Kreuztragung ist. Wir müssen uns aussöhnen mit unserer inneren Gegensätzlichkeit, an der wir oft genug leiden. Das Kreuz ist für Jung ein Symbol, welches das Leiden im Menschen umzuwandeln vermag in eine höhere Bewusstheit. Wenn der Mensch sich von dem, was ihm von außen an Leid widerfährt und ihn durchkreuzt, für Gott aufbrechen lässt, dann wird sein Leben durch das Kreuz verwandelt. Dann erlebt er wie Jesus das Kreuz als den Weg zum Aufwachen, zum Auferwecktwerden. Das Kreuz ist damit auch die Bedingung, dass uns Menschen die Augen aufgehen und wir in das Geheimnis der Auferstehung schauen, in dem die Gegensätze zwischen Leben und Tod, zwischen Leiden und Glück aufgehoben sind.

Letztlich sieht der Psychologe Jung in der Religion die eigentliche Schule, in der wir den richtigen Umgang mit dem Leiden lernen. Dem leidenden Menschen helfe nicht das, was er sich selbst ausdenkt, »sondern nur übermenschliche, geoffenbarte Wahrheit, die ihn dem leidenden Zustand enthebt«. (Jung, Band 11, S. 372) Daher geht es Jung nicht um einen rein psychologischen Umgang mit dem Leiden, sondern um einen religiösen. Die Religion – so verdeutlicht Jung – hebt das Leiden nicht auf, aber sie lindert es und zeigt uns einen Weg, es zu tragen. Denn das Ziel des Leidens ist ein neuer Zustand. Und den nennt das Christentum Auferstehung, neues göttliches Leben, das uns ganz und gar erfüllen möchte.

Ich persönlich möchte nicht so weit gehen und behaupten, das Leiden sei notwendig, damit der Mensch reif werde. Aber die Erfahrung zeigt, dass vor allem Menschen, die viel durchgemacht haben, auch innerlich gereift sind. Natürlich ist es immer eine Frage des Maßes. Es gibt Menschen, die am Leid zerbrechen. Und es gibt Menschen, die von Natur aus eine positive Grundeinstellung zum Leben mitbekommen haben. Sie sind auch ohne viel Leid gereift. Aber sie haben sich ihrer eigenen Wahrheit gestellt. Ohne die schmerzliche Selbstbegegnung gibt es keine Reifung. Oft ist das Leiden der Ort, an dem wir uns schonungslos selbst begegnen. Da werden die Illusionen zerbrochen, die wir uns vom Leben gemacht haben. Wir hatten gedacht, wir könnten unser Leben planen. Wir könnten es in den Griff bekommen, indem wir gesund leben, uns ausgewogen ernähren und in unserem Alltag die christlichen Werte verwirklichen. Doch dann trifft uns unermessliches Leid. Alles, was wir aufgebaut haben, zerbricht. Und hinter dem Zerbrechen erscheint unsere eigene Bedürftigkeit, unsere Zerbrechlichkeit und zugleich unsere Sehnsucht nach dem wahren Selbst, nach dem ursprünglichen Bild Gottes in uns.

Wenn uns das Leid trifft, dann können wir es nicht psychologisch wegtherapieren. Es bedeutet vielmehr eine Herausforderung, sich auf den Weg nach innen zu begeben, zum wahren Selbst, zum inneren Heiligtum. Dann wird das Leid nicht nur zu einem Weg menschlicher Reifung, sondern auch spiritueller Vertiefung.

Dass das Leiden zu einem Weg personaler Reifung werden kann, ist noch keine Begründung für die Existenz des Leidens überhaupt. Es ist nur eine Antwort, die ich auf das Leiden geben kann, das mir von außen widerfährt. Ich kenne viele alte Menschen, die durch Leiden gereift sind. Sie strahlen eine tiefe Weisheit und Milde aus. Das deutsche Wort »weise« kommt im Übrigen von »wissen« und dieses wiederum von lateinisch

»vidi«, zu deutsch »ich habe gesehen«. Diese Menschen haben
viel Leid gesehen und sind dadurch weise geworden. Und sie
sind milde. Milde hat seinen Ursprung in dem Verb »mahlen«.
Sie sind in der Tretmühle des Leidens gemahlen worden. Sie
haben sich mahlen lassen. Jetzt sind sie weich geworden. Da ist
keine Härte mehr im Urteil, sondern Verständnis und Milde.
Ich möchte nur zwei Beispiele anführen, wie Menschen durch
die Erfahrung von Leid reif geworden sind und durchscheinend für eine andere Wirklichkeit, letztlich durchlässig für
Jesus Christus:

Mein Mitbruder Pater Sales lebte vier Jahre lang im Konzentrationslager Dachau. Was er dort erlebt hat, beschrieb er
schon kurz nach seiner Entlassung in dem Buch »Dachau –
eine Welt ohne Gott«. Später leitete er lange Zeit als Direktor
unsere Klosterschule und widmete sich mit vollem Eifer dieser
Aufgabe. Als er die Leitung der Schule abgab, unterrichtete
er noch mit großer Hingabe und Milde in den Unterklassen.
Im Alter wollte er nichts mehr erzählen von der Zeit im KZ.
Als eine Karmelitin aus Dachau ihn nach den Erfahrungen
in Dachau befragen wollte, winkte er ab. Das sei doch längst
vorbei. In den letzten Jahren vor seinem Tod schrieb er über die
Geschichte der 1913 wiedererstandenen Abtei das nieder, was
er noch wusste. Ich kann mich noch gut erinnern, wie er mit
fünfundachtzig Jahren noch am Stock zu mir in die Verwaltung
kam, um mir vorzulesen, ob alles richtig sei, was er von den
letzten Jahren geschrieben hatte. Er strahlte Milde aus. Durch
Leiden und Leben war er gereift.

Meine Tante trat als Lehrerin in die Benediktinerinnenabtei
Herstelle ein. Sie las viel und wusste auch immer viel zu erzählen. Im Alter spürte sie auf einmal, wie ihr das Denken und

dann auch die Sprache versagten. Es war für sie nicht leicht, das anzunehmen, denn es war für sie immer wichtig gewesen, sich in der Sprache mitzuteilen. Doch als sie nicht mehr sprechen konnte, da strahlte von ihrem Gesicht ein Friede aus, der die pflegenden Mitschwestern erbaute. Das Leiden hatte sie nicht verbittert, sondern durchscheinend werden lassen für einen Frieden, der die psychologische Ebene von bloßem Einverstandensein überstieg. Da leuchtete etwas auf von dem neuen Menschen, von dem Paulus spricht.

Wir können nicht sagen, dass Leiden notwendig sei, um ein reifer und weiser Mensch zu werden. Aber oft machen wir die Erfahrung, dass es vor allem leidgeprüfte Menschen wie in den Beispielen sind, die im Alter Weisheit und Milde ausstrahlen.

DER UMGANG MIT KONKRETEN LEIDERFAHRUNGEN

Von Menschen verursachtes Leid

Wenn es ganz klar ist, dass Menschen ein bestimmtes Leid verursacht haben, nehme ich in mir selbst und in den davon Betroffenen jeweils andere Reaktionen wahr. Auf die Attentate vom 11. September reagierte ich persönlich zum Beispiel mit Wut. Und ich ertappte mich dabei, wie ich Rachegefühle entwickelte und die Terroristen am liebsten alle ausradiert hätte. Ich dachte mir, so etwas Schlimmes dürfe nie wieder passieren. Wir müssten alle Maßnahmen treffen, damit die Terroristen keine Chance mehr hätten, solches Unheil anzurichten. In mir tauchten Vorstellungen auf, wie man das verhindern könnte. Sie gingen von der Voraussetzung aus, dass das von Menschen verursachte Leid nicht sein dürfte und dass es daher einfach unmöglich gemacht werden müsste.

So erzählte mir eine Mutter einmal, dass ihr Sohn ermordet worden sei. Sie kannte den Mörder, doch sie hatte keine Beweise. Alle Verdachtsmomente genügten nicht, den aalglatten ehemaligen Freund des Sohnes zu überführen. Sie litt sehr, wenn sie dem Schuldigen begegnete. Und sie spürte in sich viel Hass und Wut. Sie war schlichtweg unfähig, ihm zu vergeben.

Ich kann ihre Gefühle und Reaktionen gut verstehen. Das Leid, das ein Mensch verursacht, mache ich fest an diesem Menschen. All meine Wut, meine Ohnmacht, mein Schmerz, meine Rachegefühle konzentrieren sich auf diesen Menschen. Und ihre Begegnung mit dem vermeintlichen Mörder erinnerte die Frau immer wieder von Neuem an den Verlust ihres Sohnes, an den Schmerz und die Trauer um ihn. Es ist leichter, Gott zu vergeben als einem konkreten Menschen, dem ich immer wieder begegne. Über Gott mache ich mir nicht so viele Vorstellungen wie über den Mörder, der aus niedrigen Motiven wie Eifersucht, Rachsucht, Neid oder purer Mordlust einen Menschen umgebracht hat. Der Schmerz über mein Leid vermischt sich mit der Wut über den, der dieses Leid verursacht hat, und mit dem permanenten Vorwurf: »Warum hast du das getan? Warum hast du mir dieses Leid angetan? Wie kannst du nur so grausam und unmenschlich sein?«

Von der Erfahrung mit dieser Mutter her kann ich verstehen, wie Juden heute auf den Holocaust reagieren. Sie machen ihn fest an konkreten Menschen, an deutschen Sadisten, SS-Soldaten, an kranken und perversen Politikern, die das deutsche Volk im Griff hatten. Dass da Rachegefühle aufkommen, dass man nicht einfach vergessen kann, verstehe ich gut. Die Menschen des jüdischen Volkes treffen ja immer wieder auf deutsche Mitbürger. Auch wenn sie vom Verstand her wissen, dass die jungen Deutschen nichts dafür können, dass ihre Eltern und Großeltern so grausam gehandelt haben, können sie sie nicht ohne die Erinnerung an ihre leidvolle Vergangenheit betrachten. Die Erfahrung der Shoa prägt ihre Sicht der Deutschen. Sobald diese Leute einem Deutschen begegnen, werden sie an das ungeheure Leid erinnert, das diese Nation über ihr Volk gebracht hat. Mit Recht reagieren sie sehr empfindlich, wenn Neonazis heute ähnliche Parolen verkünden wie damals. Das Leid macht sie sensibel für die Macht hasserfüllter Worte und einer menschenverachtenden Sprache. Bei der Sprache fängt alles Unheil an. Wenn eine brutale Sprache in der Gesellschaft nicht unwidersprochen bleibt, dann kann sie wieder das gleiche Unheil erzeugen wie damals im Dritten Reich.

Wie sollen wir nun aber umgehen mit dem Leid, das von Menschen verursacht wurde? Sicherlich müssen wir trennen zwischen dem Leid, das uns getroffen hat, und den Menschen, die es verursacht haben. Das Leid, das mich beispielsweise durch den Verlust des Sohnes oder der Tochter getroffen hat, ist allein schon schwer genug. Doch ich muss mich ihm stellen. Es ist Zeit, Abschied zu nehmen, die Trauer zu durchleiden und den Schmerz auszuhalten, bis er sich langsam wandelt. Trotz allem darf ich das Leid aber nicht immer mit dem Gedanken an den Mörder oder den Verursacher des Leids vermischen. Sonst werde ich keinen Schritt vorankommen. Am Anfang kann es hilfreich sein, sich den Gedanken an den Mörder zu verbieten, weil die Wut und der Hass zu groß sind. Erst allmählich kann ich versuchen, dem Leidverursacher zu vergeben. Vergeben bedeutet auch in diesem Fall ein Akt der Befreiung für einen selbst. Man befreit sich von der negativen Energie, die vom anderen ausgeht. Man erlaubt ihm nicht mehr, sein Inneres zu beherrschen. Vergeben bedeutet nicht unbedingt, dem anderen freundlich zu begegnen. Vielleicht braucht es ein ganzes Leben, um dem anderen wieder normal begegnen zu können. Aber

Vergebung tut zunächst einmal einem selbst gut. Man lässt die Tat beim anderen. Man gibt sie weg von sich, damit sie einen nicht mehr bestimmt. Aber es braucht viel Geduld, bis der Wille zur Vergebung zu wirklicher Vergebung führt, bis sich das geschundene Herz dem anderen gegenüber beruhigt hat. Die Wunde wird immer wieder aufbrechen, sobald ich dem anderen begegne.

Bei meiner eigenen Reaktion auf den Terrorakt am 11. September habe ich gespürt, wie wichtig das Jesus-Gebot der Feindesliebe ist. Dabei half mir vor allem die Aufforderung Jesu, wie sie uns Lukas überliefert: »Segnet die, die euch verfluchen; betet für die, die euch misshandeln.« (Lk 6,28) Das bedeutet, ich muss dem anderen keine Gefühle der Liebe entgegenbringen, doch wenn ich ihn segne, wenn ich Gott bitte, dass er im anderen das wirkt, was seiner Seele wirklich Frieden bringt, dann werde ich ihn allmählich auch mit anderen Augen anschauen. Meine Gefühle werden sich wandeln. Ich verbiete mir die negativen Gefühle nicht. Ich versuche, den anderen zu segnen. Segnen heißt zunächst: gute Worte über ihn und auf ihn hin sprechen, Worte, die dem anderen Gutes wünschen. Und segnen heißt: die segnende Liebe Gottes zu diesem Menschen schicken, dass sie sein Herz erfüllt und ihn befreit von seinen destruktiven Gedanken und Handlungen.

Der Tod lieber Menschen

Bei Kursen für Trauernde erlebe ich immer wieder, wie der Tod lieber Menschen tiefes Leid hinterlässt. Besonders schmerzlich ist es, wenn der Ehemann im Gebirge abstürzt, wenn eine Ehefrau und Mutter von kleinen Kindern an Krebs stirbt oder der Sohn oder die Tochter bei einem Verkehrsunfall jäh aus dem Leben gerissen wird. Auch der Tod der betagten Eltern tut weh. Selbst wenn man vom Verstand her einsieht, dass sie alt genug waren, um sterben zu dürfen, verlangt auch ihr Tod nach der Trauer.

Die Trauer gehört zum Abschied von lieben Menschen. Und die Trauer bringt das innere Gleichgewicht immer wieder aus dem Lot. Doch wenn ein lieber Mensch jäh aus dem Leben gerissen wird, ohne dass man von ihm Abschied nehmen konnte, dann stürzt einen die Trauer oft in tiefe Abgründe. Man kann es einfach gar nicht fassen. Und sofort tauchen Fragen auf:

Warum musste das so geschehen?

Warum hat Gott das zugelassen?

Ich habe doch meinen Sohn noch gesegnet, bevor er weggefahren ist. Meine Tochter war doch so lebensfroh. Sie hatte so viele Pläne. Sie war ein so wertvoller Mensch. Warum musste sie gehen, während viele junge Menschen nur mit sich beschäftigt sind und weiterleben?

Warum hat sich mein ältester Sohn selbst das Leben genommen, wo er doch immer so anständig war, sich um seine Ausbildung bemüht hat und regelmäßig in die Kirche gegangen ist?

Es gab überhaupt keine Anzeichen, dass es jemals so enden würde. Was habe ich übersehen oder verkehrt gemacht?

Verlust von Lebensgefährten

Ein Ehemann kam zu mir, weil er nicht damit fertig werden konnte, dass seine Frau so früh an Krebs sterben musste. Die Kinder hätten sie noch so dringend gebraucht. Er haderte mit Gott, dass er ihm seine Frau entrissen hat, die doch eine so vorbildliche Mutter war. Sie hat sich in der Pfarrei engagiert. Sie war immer für andere da. Warum musste ausgerechnet sie sterben?

Auf solche Fragen weiß ich keine Antwort. Ich muss seine Klagen und Anklagen gegenüber Gott aushalten, die Unbegreiflichkeit Gottes stehen lassen, ohne vorschnell irgendwelche Deutungen zu geben, die den Trauernden nur verletzen. Nach einer Zeit des Aushaltens kann ich jedoch fragen, was die Frau für eine Botschaft für ihn bereithält. Welche Antwort erwartet oder erhofft sie nun von ihrem Mann auf ihr Leben? Was wollte seine Frau mit ihrem Leben vermitteln? Woraus hat sie gelebt? Wie kann der Mann das, was die Frau so vorbildlich gelebt hat, weiterführen? Oder wie kann er das Erbe der Frau achten? Sicher möchte die Frau, die jetzt bei Gott in Frieden ist, nicht, dass der Mann aufhört, wirklich zu leben. Er soll vielmehr nun sein eigenes Leben leben, das entfalten, was bisher vielleicht zu kurz gekommen ist. Durch die Trauer hindurch sollte er eine neue innere Beziehung zu seiner Frau aufbauen und sie als innere Begleiterin verstehen, die ihn in neue Bereiche des Lebens einführt, als einen guten Engel, der ihn begleitet und auf Dinge hinweist, die er sonst übersehen würde.

Wenn Kinder sterben: Verwaiste Eltern

Immer wieder habe ich als Seelsorger Kurse für verwaiste Eltern gehalten. Wenn die Eltern mir vom Tod ihrer Kinder erzählen, durch eine lange und schmerzliche Krankheit, durch einen Verkehrsunfall, durch Ertrinken, durch Absturz im Gebirge oder gar durch Suizid, dann kann ich nur schweigend zuhören. Ich kann dazu gar nichts sagen. Ich muss es erst aushalten und den Tod so junger Menschen in seiner ganzen Sinnlosigkeit akzeptieren. Mir bleibt oft jedes Wort im Mund stecken. Ich habe Angst, dass alles, was ich sage, unangemessen ist und die trauernden Eltern nur noch mehr verletzt. Daher enthalte ich mich jeder Deutung. Und ich weigere mich, in diesem sinnlosen Sterben einen Sinn zu sehen. Sätze wie: »Es wird schon einen Sinn haben. Sie werden später erkennen, welchen Sinn dieses Sterben hatte« würden mir wie Hohn oder falscher Trost vorkommen. Als Begleiter muss ich die Trauer und den Schmerz der Eltern mit aushalten. Oft spüre ich dann selbst die innere Schwere. Aber diese Schwere führt mich auch in die Tiefe. Auf einmal erscheint mir vieles nicht mehr wichtig, worum ich mich in meinem Alltag manchmal sorge. Die Maßstäbe werden zurechtgerückt: Worum geht es eigentlich in meinem Leben?

Verwaiste Eltern erzählen mir oft, dass sie sich wie aussätzig fühlen. Sie haben den Eindruck, dass die Menschen sie wie Aussätzige meiden. Sie dürfen ihre Trauer nicht zeigen. Das ist für ihre Freunde unangenehm. Manche wechseln sogar die Straßenseite, wenn sie ihnen begegnen. Oft hören sie dann Worte: »Das ist doch schon längst vorbei. Das Leben geht weiter. Stell dich der Gegenwart.« Doch solche Worte helfen nicht

weiter; im Gegenteil, die trauernden Eltern fühlen sich miss-
verstanden. Sie haben den Eindruck, dass sie mit ihrer Trauer
keinen Platz auf dieser Erde haben. Man wirft ihnen vor, dass
sie die Stimmung verderben. Daher ist es so wichtig, einfach
bei den trauernden Menschen zu sein und sie erzählen zu
lassen. Wenn meine Mutter mit über achtzig Jahren jedes Jahr
von Haus zu Haus ging, um für die Caritas zu sammeln, hat
sie sich immer viel Zeit genommen, gerade mit Menschen zu
sprechen, die einen lieben Menschen verloren haben. Sie hat die
Menschen erzählen lassen und ihnen ihr Mitgefühl gezeigt und
keine frommen Sprüche von sich gegeben, keine Deutung des
Geschehenen versucht. Sie war einfach den Menschen nahe.
Das hat ihnen gutgetan.

Trauern bedeutet von seiner Wortwurzel her: matt werden,
kraftlos werden, zu Boden sinken. Der Trauernde hat den Eindruck, dass ihm der Boden unter den Füßen weggezogen wird.
Er verliert den festen Stand und sehnt sich nach Trost. Trost bedeutet Festigkeit. Der Trauernde braucht jemanden, der einfach
bei ihm steht, der ihn und sein Leid aushält, der nicht ängstlich
zurückweicht, wenn er ihm seine Verzweiflung zumutet. Wenn
jemand beim Trauernden stehen bleibt und mit ihm durch seine
Trauer geht, kann der langsam wieder einen festen Stand finden.
Doch der Tröster soll ihn nicht vertrösten, denn das würde
heißen, ihn hinzuhalten, ihn mit Worten zu beschwichtigen.
Der Trauernde braucht keine Vertröstungen, sondern einen
Menschen, der es bei ihm aushält und ihm wieder Festigkeit
vermittelt. Er braucht einen »consolator«, einen Tröster, der
mit ihm in seine Einsamkeit geht und dort bei ihm bleibt.
Oft werden Eltern durch den Verlust ihres Kindes in ihrem

Glauben erschüttert. Sie gehen zwar noch weiter in die Kirche, aber viele Predigten und Lieder machen sie eher aggressiv. Immer, wenn da zu leichtfertig vom »lieben Gott« gesprochen wird, der es immer gut mit uns meint, regt sich in ihnen Widerspruch. So einfach kann man nicht von Gott sprechen. Gott ist für sie unbegreiflich geworden. Manchmal finden sie durch den Tod ihres Kindes zu einem vertieften Glauben. Doch oft bleibt eine innere Verschlossenheit. Sie möchten von Gott nicht noch einmal so verletzt werden wie durch den Verlust ihres Kindes. Manche fühlen sich vom Priester unverstanden. Daher fällt es ihnen schwer, in den Gottesdienst zu gehen. Die Worte der Predigt erscheinen ihnen hohl.

Der Tod eines Kindes löst auch bei dessen Geschwistern große Probleme aus. Die einen werden depressiv. Die anderen weigern sich, über den toten Bruder oder die verstorbene Schwester zu reden. Sie wollen nichts mehr von ihm wissen. Sie meiden es sogar, das Grab zu besuchen. Ein Ehepaar, das ein dreijähriges Mädchen verloren hat, erzählte zum Beispiel, dass seine anderen Kinder nichts mehr vom Schutzengel hören wollen. Der hat schließlich nicht aufgepasst auf ihre Schwester. Und sie reagieren aggressiv auf alles Reden von Gott. Der hat ihnen ihre Schwester weggenommen. Es ist schwer für die Eltern, diese Aggressionen auszuhalten. Sie können nur vertrauen, dass sich durch die Abwehr falscher Gottesbilder irgendwann im Herzen der Kinder das Bild eines Gottes formt, der ihnen beisteht in ihrer Trauer und in ihrer Wut.

In der Begleitung kann ich die Eltern, die ein Kind verloren haben, nur erzählen lassen, immer wieder nachfragen, wie das Kind war, was es ausgestrahlt hat. Oft zeigen mir die Eltern dann Bilder von ihren verstorbenen Kindern. Ich meditiere sie, versuche auszudrücken, was ich wahrnehme an Lebendigkeit, an innerem Strahlen. Und dann frage ich die Eltern: »Was ist die Botschaft, die dieses Kind durch sein Leben und Sterben an Sie richtet?« Oft können sie diese Botschaft nicht in Worte fassen. Aber allein die Frage lässt sie etwas davon erahnen, was dieses Kind mit seinem Leben ausdrücken wollte, wonach es sich gesehnt hat, welche Spur es in diese Welt eingegraben hat. Das verstorbene Kind hat etwas von den Eltern mit in die Ewigkeit genommen. Alles, was sie mit dem Kind geteilt haben, die Liebe, die Freude, die Nähe, den Schmerz, all das hat es mit zu Gott genommen. Ein Teil von ihnen ist nun im verstorbenen Kind schon bei Gott. So erinnert sie das Kind immer daran, dass sie mit ihrem Leben schon über diese Welt hinausreichen – hinein in die Ewigkeit. Manchmal erzählen mir die Eltern auch, dass das Kind ihnen im Traum erscheint. Es zeigt ihnen, dass es ihm gut geht.

Ein Vater zum Beispiel, der sehr kritisch und nüchtern ist, erzählte mir, wie seine Tochter, die mit drei Jahren von einem Lastwagen erfasst worden war, ihm immer wieder Zeichen gegeben hat. An ihrem Beerdigungstag blühte im Garten ihre Lieblingsrose auf, zu einer Zeit, in der sie normalerweise nie geblüht hätte. Wenn er in seinem Zimmer sitzt, hat er oft den Eindruck, dass sie auch anwesend ist. Er fragt sich natürlich, ob das alles Einbildung ist. Ich konnte ihm nur bestätigen, dass ich als Seelsorger schon so viele ähnliche Berichte gehört habe, dass ich persönlich das durchaus für real halte. Natürlich bleibt die Frage, wie ich das deuten und verstehen soll, offen. Das sind immer auch individuelle seelische Erfahrungen, aber sie zeigen die innere Verbindung zum verstorbenen Kind.

Eine Mutter, deren Sohn Suizid begangen hatte, arbeitete etwa fünf Jahre nach dem Tod ihres Sohnes im Garten. Auf einmal leuchtete eine Blume auf eine einzigartige Weise auf. Für die Mutter war dies ein Zeichen des verstorbenen Sohnes. Von diesem Augenblick an konnte sie seinen Tod akzeptieren. Sie hatte den Eindruck, dass er sie nun vom Himmel aus begleite. Es war eine innere Verbindung gewachsen.

Eine andere Mutter hatte ihren zehnjährigen Sohn mit dem Hund nach draußen geschickt. Er sollte mit ihm spazieren gehen, da der Hund heute noch nicht im Freien war. Der Sohn wollte nicht, aber die Mutter drängte ihn. Der Junge kam nicht zurück. Als die beunruhigten Eltern nach ihm suchten, fanden sie ihn im nahe liegenden Wald an einem Ast aufgehängt. Der Hund hielt Wache. Es ist verständlich, dass die Mutter nicht von ihren Schuldgefühlen loskam. Das letzte Wort, das sie zum Sohn gesagt hatte, war nicht freundlich gewesen.

Auch hier darf ich nicht vorschnell trösten. Es tut weh, so vom eigenen Sohn Abschied nehmen zu müssen. Und es hat keinen Sinn, die Schuldgefühle zu entkräften. Sie sind da. Ich rate dann immer: »Versuchen Sie, sich weder zu beschuldigen noch zu entschuldigen. Wenn Sie sich beschuldigen, zerfleischen Sie sich. Wenn Sie sich entschuldigen, müssen Sie immer neue Gründe suchen, dass Sie keine Schuld am Tod Ihres Sohnes haben. Halten Sie die Umstände dieses Todes einfach Gott hin. Halten Sie sie in sein Erbarmen. Gott nimmt Sie mit dem, was war, bedingungslos an. Gott hat Ihnen längst vergeben. Doch jetzt liegt es an Ihnen, sich selbst zu vergeben. Stellen Sie sich vor: Ihr Sohn ist jetzt bei Gott. Er ist im Frieden. Er macht Ihnen sicher keine Vorwürfe.« Danach rate ich, sie solle Verbindung aufnehmen mit dem verstorbenen Sohn. Sie soll ihn fragen, was er ihr sagen möchte. Manchmal kann es eine Hilfe sein, an ihn einen Brief zu schreiben, in dem sie ihm das sagt, was sie ihm im Leben nicht gesagt hat, aber immer schon sagen wollte. Im Anschluss soll sie einen Brief des Sohnes an sich selbst schreiben. Manche mögen einwenden, das gehe doch nicht. Da würde man doch nur seine eigenen Gedanken schreiben. Natürlich haben wir keine Garantie, dass wir in diesen Brief nicht unsere eigenen Gedanken hineinmischen. Aber ich habe die Erfahrung gemacht, dass Menschen in so einer Situation auf einmal Worte schreiben, die aus einer größeren Tiefe kommen. Und es sind zumeist heilende, versöhnende und aufrichtende Worte. Sie verwandeln die Beziehung zum Verstorbenen.

Ein weiteres Beispiel ist ein Vater, der seine Tochter mit dreieinhalb Jahren verloren hat und meinte, es sei doch ungerecht, dass das Mädchen eigentlich nie richtig leben durfte. Für eine andere Mutter war es der größte Schmerz, dass sie weiterleben sollte ohne die Tochter. Ihr Leben hatte seinen Sinn verloren. Sie konnte nicht mehr für die kleine Tochter sorgen, dass sie heranwachse und aufblühe. Der Schmerz und der Protest gegen die Ungerechtigkeit sind verständlich. Und es gibt keine schnelle Antwort darauf. Doch es hilft, sich vorzustellen, dass die kleine Tochter auch mit ihren drei Jahren eine tiefe Spur in diese Welt eingegraben hat. Sie hat eine Spur in das Herz der Eltern gegraben. Diese Spur wird weitergehen.

Manche Eltern erzählen mir, dass das verstorbene Kind oft eine ganz besondere Art hatte – schon frühreif, ganz durchsichtig, mit Einsichten, die man von einem Kind nicht erwartete. Fast könnte man es als heilig bezeichnen. Hier wäre es die Aufgabe, durch allen Schmerz hindurch diese einmalige und klare, diese leuchtende und wärmende, die heilige und heilende Spur des Kindes im Herzen festzuhalten und die eigene Lebensspur als Antwort auf das Geheimnis des allzu früh verstorbenen Kindes in diese Welt umso deutlicher und fester einzugraben. Dann hat auch das so kurze Leben des Kindes einen Sinn gehabt. Es wird durch uns weiter in diese Welt hinein ausstrahlen.

Manchmal erzählen Väter und Mütter nach langen Jahren der Trauer und des Leids, dass der Tod ihres Kindes ihr Leben verwandelt und es in eine neue Richtung geführt hat. Eine Mutter, die fünf Kinder noch vor der Geburt verloren hatte, meinte, mit jedem Kind sei in ihr eine Tür aufgegangen, die ihr Neues ermöglicht hatte. Ihre Kinder begleiteten sie vom Himmel her. Sie hatte den Eindruck, dass ihre verstorbenen Kinder, die sie nie wirklich als Kind gesehen hatte, ihr die Fähigkeit geschenkt hatten, alle Kinder ganz besonders gut zu verstehen und zu begleiten. So war die tiefe Wunde, die sie durch den Verlust ihrer Kinder erfahren hatte, in eine Perle verwandelt worden, in eine kostbare Gabe, die sie dankbar annahm und zum Wohl vieler Kinder ausübte. Oder ein Vater, der seine depressive Tochter durch Suizid verloren hatte, engagierte sich für Eltern, deren Kinder an Depressionen litten.

Es braucht oft lange, bis die Trauer sich in so eine fruchtbare Lebensspur verwandelt. Niemand darf sich hier unter Druck setzen. Doch manchmal ist es hilfreich, wenn wir an ein Ziel unseres Trauerprozesses glauben, wenn wir vertrauen, dass sich unsere Trauer in neue Lebendigkeit und Fruchtbarkeit verwandeln wird.

Bei einem Kurs für verwaiste Eltern habe ich die Teilnehmer eine Engelkarte ziehen lassen, in dem Vertrauen, dass ihr verstorbenes Kind ihnen einen Engel sendet, den sie gerade jetzt brauchen. Ihr Kind ist für sie selbst zum Engel geworden. Beim Ziehen der Engelkarte wurde den Eltern bewusst, welche Botschaft und welche Aufgabe das Kind ihnen jetzt zumutet: Eine Mutter zog den Engel der Achtsamkeit, und ihr wurde klar, dass ihre verstorbene Tochter sie damit aufforderte, nun auf ihre beiden Geschwister zu achten, die durch ihren Tod zu kurz gekommen waren. Eine andere Mutter zog den Engel des Rückzugs. Dieser erlaubte ihr, sich gegen die Erwartungen ihrer Umwelt immer wieder Zeiten des Rückzugs zu gönnen, in denen sie auch ihrer Trauer Raum geben konnte. Eine andere Frau erlebte, dass ihr bei einem Verkehrsunfall umgekommener Sohn ihr immer wieder Botschaften schickte, zum Beispiel, wenn sie, während sie ein Buch las, auf einmal auf Worte stieß, die ihr wie aus dem Mund ihres Sohnes entgegenklangen. Und sie erlebte im Verkehr immer wieder, wie ihr Sohn sie schützte. Sie erfuhr ihren Sohn als Engel, der sie vor dem bewahrte, was ihn selbst aus dem Leben gerissen hatte. So durfte sie in allem Schmerz und in aller Trauer doch immer wieder seine besondere Nähe spüren, die sie auf den nahen Gott verwies, der ihrem Leben eine neue Tiefe verlieh.

Durch die Trauer hindurchgehen – Schuldgefühle und Leid verwandeln lernen

Bei jedem Tod eines lieben Menschen kommen Schuldgefühle hoch. Warum habe ich ihm nicht gesagt, wie sehr ich ihn liebe? Warum haben wir so wenig über das Wesentliche gesprochen, über das, was uns wirklich trägt? Warum wollte ich nicht wahrhaben, dass er todkrank ist? Warum habe ich die Chance nicht genutzt, von ihm bewusst Abschied zu nehmen?

Auch hier ist es wichtig, die Schuldgefühle einfach Gott hinzuhalten und sie dann loszulassen, sie also gleichsam zu begraben und nicht ständig darin zu wühlen. Wir sollten jetzt Kontakt zum Verstorbenen aufnehmen, ihn bitten, dass er uns vom Himmel aus begleite, dass er bei Gott für uns eintritt, damit unser Leben gelingt. Und man kann ihn fragen: »Was möchtest Du von mir? Was soll ich tun? Wie soll ich leben?«

Der Verstorbene will sicher nicht, dass wir uns mit Schuldgefühlen zerfleischen. Er möchte, dass wir uns dem Leben zuwenden und in der Erinnerung an ihn das verwirklichen, was in uns steckt. Dabei kann uns die Botschaft helfen, die er uns mit seinem Leben und Sterben geben wollte.

Dem Leid, das uns der Verlust lieber Menschen bereitet, können wir nicht entgehen. Wir müssen es tragen. Und es braucht oft einen langen Trauerprozess, um das Leid zu verwandeln. Aber auch hier ist die Einstellung entscheidend, die wir zu diesem Leid gewinnen. Wir sollen die Trauer nicht überspringen, jedoch sollen wir an ein Ziel unserer Trauer glauben. Die Verstorbenen werden uns immer schmerzlich fehlen. Doch unsere Aufgabe ist es, eine neue Beziehung zu ihnen zu entwickeln. Sie werden uns vom Himmel aus begleiten und unsere Fürsprecher bei Gott sein. Und sie haben mit ihrem Leben und Sterben eine wichtige Botschaft für uns. Gott hat uns diese Menschen gegeben. Was wir in der Vergangenheit mit ihnen erlebt haben, das kann nicht mehr rückgängig gemacht werden. Die gemeinsamen Erfahrungen gehören uns. Dafür sollen wir dankbar sein. Und die Verstorbenen richten jetzt eine Botschaft an uns. Sie laden uns ein, über das Geheimnis unseres Lebens nachzudenken, das auf den Tod zuläuft. Wir sollten uns fragen, wie wir auf die Verstorbenen mit unserem Leben antworten können. Es geht hier darum, unsere ganz persönliche Antwort auf ihr Leben zu geben und gleichzeitig unser eigenes Leben zu leben, das Gott uns zugedacht hat.

Wir haben unsere Wurzeln nicht nur in den Verstorbenen, sondern letztlich in Gott. In uns selbst liegt der Grund, auf den wir unser Lebenshaus bauen sollen. Der Schmerz über den Verlust von lieben Menschen, mit denen wir nicht mehr sprechen, die wir nicht mehr umarmen, deren Stimme wir nicht mehr hören können, wird immer wieder einmal aufbrechen. Doch er soll uns daran erinnern, dass auch unser Leben endlich ist, dass wir jeden Tag sterben könnten. Und die Verstorbenen möchten uns einladen, dass wir jetzt unser eigenes Leben leben und unsere Lebensspur in diese Welt eingraben – eine Spur, die ähnlich wie die der Verstorbenen, für immer bleiben wird.

Wenn Körper oder Seele krank werden

Physische Leiden

Eine Frau hat sich immer gesund ernährt. Sie hat Sport getrieben und in allem auf Gesundheit geachtet. Sie war glücklich mit ihrer Familie und hatte den Eindruck, alles gut geordnet zu haben. Wie aus heiterem Himmel erlebt sie, dass ihr ganzes Lebensgebäude einstürzt. Anfangs ist sie nur verunsichert, weil sie sich immer schlapp fühlt. Sie wird auf verschiedene Krankheiten hin behandelt. Aber nichts greift. Da wird festgestellt, dass sie an einer seltenen Autoimmunkrankheit erkrankt ist.

Unwillkürlich stellt sie die Frage: »Warum gerade ich? Ich habe doch so gesund gelebt. Ich habe nicht nur auf die Ernährung geachtet, sondern insgesamt auf ein gesundes Leben, auf ein gutes Miteinander.« Und gleich taucht bei ihr auch die Frage auf: »Was habe ich verkehrt gemacht? Habe ich mich selbst innerlich bekriegt?«

Sicher führt die Frage nach den Ursachen hier nicht weiter. Damit würde die Betroffene immer nur tiefer in sich hineinbohren, ohne eine Antwort zu bekommen. Heute ist es modern, jede Krankheit auf psychische Ursachen zu reduzieren. Doch damit vermittle ich als Therapeut dem Kranken nur Schuldgefühle. Seit Sigmund Freud spricht man hier von kausal-reduktiver Krankheitsdeutung. Das bedeutet, man reduziert die Krankheit auf eine vergangene Ursache. Diese Art der Deutung hat natürlich in gewissen Fällen ihre Berechtigung. Wenn ich mich ständig falsch ernähre oder zu viel Alkohol trinke, wenn ich zu viel rauche, dann brauche ich mich nicht über Krankheitssymptome zu wundern. Doch wenn ich jede Krankheit auf eine Ursache zurückführe, vermittle ich dem Kranken nur Schuldgefühle. Letztlich sage ich ihm dann: »Du bist selbst schuld an deiner Krankheit. Du hättest sie verhindern können, wenn du anders gelebt hättest.« Doch Schuldgefühle helfen nicht weiter. Sie treiben uns nur noch tiefer in die Krankheit. Ken Wilber hat sich in seinem Buch »Mut und Gnade« zu Recht gegen die Deutungen gewehrt, die ihm aus seiner Umgebung entgegenkamen, als seine Frau Treya an Brustkrebs erkrankt war. Freunde, die von Beruf Psychologen waren, sagten zu Treya: »Du hast zu viel Groll heruntergeschluckt. Deshalb hast du Krebs.« Andere Freunde aus der esoterischen Szene sagten: »Du machst dir die Krankheit selbst.« Treya erkannte schließlich: »Immer, wenn sich jemand eine Theorie über meine Krankheit zurechtlegt, weigert er sich, sich konkret auf mich einzulassen. Er hält seine Theorie zwischen sich und mich. Er theoretisiert über mich, anstatt mich anzuhören und sich in mich hineinzufühlen.«

Treya lernte von hier aus, ihre Krankheit zu akzeptieren und zugleich mit ihr zu kämpfen. Sie wollte gesund werden und versuchte alle Therapien, die ihr zur Verfügung standen. Schließlich unterlag sie dem Krebs. Aber ihr inneres Selbst wurde nicht zerstört, sondern war durch die Krankheit gewachsen. Und auch ihre Beziehung zu ihrem Mann hatte sich vertieft. Allerdings gab es zu Beginn der Krankheit auch dort heftige Turbulenzen, doch die beiden lernten, sich ihrer Ohnmacht und den Herausforderungen durch die Krankheit zu stellen, und wuchsen so in eine neue Qualität ihrer Beziehung hinein.

Anstatt nach den Ursachen für eine Krankheit zu fragen, ist es für mich hilfreicher, auf das Ziel zu schauen. C. G. Jung spricht von finaler Krankheitsdeutung. Hier wird nicht nach den Ursachen der Krankheit gefragt, sondern nach deren Ziel. Was will mir die Krankheit sagen? Worauf will sie mich hinweisen? Welcher Appell steckt in ihr? Was soll ich in meinem Leben ändern? C. G. Jung spricht im Zusammenhang von Krankheit auch von Synchronizität, von Gleichzeitigkeit. Oft treffen innere und äußere Faktoren zusammen, ohne dass man das kausal begründen kann. Manchmal ist die Krankheit Ausdruck einer überlastenden Situation. Aber ich frage nicht nach

Schuld und Ursache, sondern ich versuche, die Krankheit zu verstehen. Ich kann dann auf drei Ebenen mit der Krankheit ringen: auf der medizinischen, auf der psychologischen und auf der spirituellen Ebene. In der Praxis sieht das so aus, dass ich zunächst alles versuche, was die Medizin an Mitteln gegen die Krankheit bereithält. Doch dann überlege ich mir, wie ich mit mir selbst umgehen soll, damit die Krankheit nicht stärker wird, sondern zurückgeht und vielleicht geheilt wird. Eine solche Sichtweise entlastet mich. Ich nehme die Herausforderung der Krankheit an, ohne ständig in mir zu bohren und mich zu fragen, was ich alles verkehrt gemacht habe. Ich mache mir keine Vorwürfe, sondern nehme sie an als etwas, das mir widerfahren ist. Und schließlich nehme ich die Krankheit als spirituelle Herausforderung an. Sie lädt mich ein, mein Lebenshaus auf Gott zu bauen und zu meinem spirituellen Selbst vorzudringen.

Eine andere Frage taucht im Zusammenhang mit Krankheit immer wieder auf: »Warum bestraft mich Gott mit dieser Krankheit?« Diese Frage bildet letztlich die religiöse Weiterführung der kausal-reduktiven Deutung. Weil ich die Schuld bei mir suche, meine ich, Gott würde mich für etwas bestrafen, was ich verkehrt gemacht habe. Wenn diese Frage mir gegenüber auftaucht, antworte ich immer: »Ich kann zwar die Frage nach dem Warum nicht beantworten, aber eines kann ich mit Sicherheit sagen: Gott bestraft Sie nicht.« Zu dieser Aussage ermutigt mich die Antwort, die Jesus auf die Frage seiner Jünger gegeben hat, wer gesündigt habe – der Blindgeborene oder seine Eltern: »Weder er noch seine Eltern haben gesündigt, sondern das Wirken Gottes soll an ihm offenbar werden.«

(Joh 9,3) Für uns bedeutet das, wir sollen nicht in die Vergangenheit sehen, sondern in die Zukunft. Gottes Wirken, Gottes Heil soll am Kranken sichtbar werden. Für mich heißt das, dass ich im Gebet Gott frage, was er mir mit der Krankheit sagen möchte, welche Herausforderung die Krankheit an mich bedeutet, worauf ich in Zukunft Wert legen sollte. Es hat keinen Sinn, in der Vergangenheit nach Ursachen meiner Krankheit zu fragen. Denn das führt nur zu nutzlosen Grübeleien. Ich soll nach vorne sehen und mir überlegen, wie ich auf die Krankheit antworten möchte und auf welche neuen Wege sie mich zu führen vermag.

Eine Frau sagte mir im Gespräch: »Ich habe das Gefühl, die Krankheit zerbricht mein ganzes Lebenskonzept. Alles, worauf ich gebaut habe, ist zerbrochen.« Ich versuchte als Erstes, mich in die Frau einzufühlen. Es tut weh, wenn das Lebensgebäude zerbricht, wenn sich die Träume von einem heilen und harmonischen Familienleben durch die Krankheit auflösen. Wichtig ist, ich muss als Seelsorger dieses Zerbrechen erst einmal gemeinsam mit ihr aushalten, bevor ich sie auf eine andere Ebene hinweisen kann. Aber wenn ich spüre, dass mein Gesprächspartner offen ist, traue ich mich zu sagen: »Ihr Leben ist nicht zerbrochen, es wird nur aufgebrochen für etwas Neues. Es wird letztlich aufgebrochen für Gott.«

Die Krankheit zwingt zu der Frage, worauf ich mein Leben bauen möchte. Möchte ich es auf Gesundheit und langes Leben bauen, auf Leistung und Erfolg oder letztlich auf Gott? Wenn ich es auf Gott baue, dann kann die Krankheit mich nicht kleinkriegen. Sie verweist mich nur immer wieder auf das eigentliche Fundament meines Lebens, auf Gott. Und die

Krankheit stellt mir die Frage, was der Sinn meines Lebens ist. Was möchte ich mit meinem Leben vermitteln? Welche Spur möchte ich eingraben in diese Welt? Durch die Krankheit kann ich andere Werte entdecken, die mir wichtig werden: Gebet, Stille, Musik, Natur, gute Gespräche, die um das Geheimnis des Menschen und Gottes kreisen. In der Krankheit kann ich den inneren Raum der Stille entdecken, in dem Gott in mir wohnt. Dort, wo Gott in mir wohnt, dort bin ich heil und ganz. Dort hat die Krankheit keinen Zutritt.

Natürlich verweise ich bei jeder Krankheit auch auf die Kraft des Gebetes. Ich kann durch Gebet die Heilung nicht erzwingen. Es ist immer ein Wunder der Gnade Gottes, wenn eine Krankheit geheilt wird. Aber ich darf auf dieses Wunder hoffen. Zugleich muss ich mich jedoch immer wieder in Gott und in seinen Willen ergeben. Eine Hilfe kann sein, dass ich mir vorstelle, dass Gottes Licht und Liebe in meine kranken Körperstellen einfließt und das Kranke in mir heilt. Der amerikanische Krebsarzt Carl Simonton hat die Methode der Imagination bei der Behandlung von Krebs entwickelt. Dabei stellt sich der Kranke vor, dass die Selbstheilungskräfte die kranken Zellen besiegen. Oder er imaginiert, wie helle und wärmende Lichtstrahlen die dunklen und kranken Bereiche seines Körpers durchdringen und sich heilend auswirken.

Ich möchte an dieser Stelle diese rein psychologische Methode auf die spirituelle Ebene heben: Nicht meine eigenen Kräfte besiegen die kranken Zellen, sondern Gottes heilender Geist, seine Liebe, die mit dem Atem meinen Leib durchdringt. Ich kann mir vorstellen, wie im Atem Gottes Liebesduft – so sieht es der persische Dichter und Mystiker Rumi – durch meinen Leib dringt und gerade die kranken Bereiche mit Liebe erfüllt. Oder ich halte im Gebet meine Krankheit Gott hin und bitte ihn, dass sein heilender Geist in mich einströmt, das Kranke heilt und meine Selbstheilungskräfte stärkt.

Jede Krankheit macht mich innerlich hilflos und verwundbar. Wenn die Schulmedizin nicht greift, dann greift man schnell nach jedem Strohhalm, der sich einem entgegenstreckt. Doch viele Kranke suchen dann überall Hilfe. Die Erfahrung zeigt jedoch, dass jeder, der ihnen Hilfe anbietet, etwas anderes sagt. Das verwirrt die meisten völlig. Es ist daher wichtig, sich auf einen einzigen Arzt einzulassen, dem man Vertrauen entgegenbringt, anstatt von einem zum anderen zu wandern. Zugleich sollte man auch die Möglichkeit von Gebet und Meditation, von Exerzitien und Segensgottesdiensten nutzen. Es gilt jedoch zu beachten, dass es keinen Zweck hat, in dieser Situation in einen religiösen Aktivismus zu verfallen, als ob man durch möglichst viele Gebete und Wallfahrten die Krankheit in den Griff bekommen könnte. Es geht vielmehr um das Vertrauen auf Gott und nicht um religiöse Leistung.

Manche Menschen bitten mich in der Krankheit um den Segen, den ich ihnen gebe, indem ich die Hände auflege und um Gottes heiligen und heilenden Geist bitte, der den Kranken durchdringen möge. Ich vertraue darauf, dass das Gebet eine heilende Wirkung hat. Doch zugleich erlebe ich Menschen, die von einem Priester zum anderen pilgern und sich von ihm die Hände auflegen lassen. Sie testen die Geistlichen gleichsam wie Ärzte nach dem Maßstab, wer wohl mehr heilende Kräfte in seinen Händen hat. Sie meinen, es liege an der Kraft des Beters, die Heilung zu erwirken. Da gibt es dann regelrecht Wallfahrten zu bestimmten Priestern. Umso größer ist die Enttäuschung, wenn es bei einem nicht wirkt. Dann sucht man entweder die Schuld in der mangelnden Gebetskraft des Priesters oder aber im Fehlen eines starken Glaubens.

Es ist immer eine Gratwanderung, wie ich mit meiner Krankheit umgehe. Auf der einen Seite soll ich mit der und gegen die Krankheit kämpfen, in der Hoffnung, dass ich die Krankheit besiege. Auf der anderen Seite soll ich die Krankheit als Herausforderung annehmen, mein Leben zu ändern, mein Lebenshaus auf Gott zu bauen und immer tiefer in das Geheimnis Gottes und meines Lebens einzudringen. Ich soll auch beten, dass Gott meine Krankheit heilt und Gott mir zeigt, was mich die Krankheit lehren soll. Beide Wege, wie ich auf die Krankheit reagiere, münden jedoch in die Bereitschaft, mich auf Gottes Willen einzulassen. Und auf beiden Wegen werde ich darauf verwiesen, dass ich selber nicht für mein Leben garantieren kann. Täglich werde ich neu darauf gestoßen, dass ich in Gottes Hand bin. Ich kann nur Gottes guter Hand vertrauen, dass sie mich führt und dass sie mich nicht fallen lässt, selbst wenn die Krankheit schlimmer wird und sogar zum Tod führt.

Viele Leute haben mir erzählt, dass sie dankbar sind für die Krankheit, weil sie durch diese vieles gelernt haben. Sie haben gelernt, achtsamer mit sich und den Mitmenschen umzugehen, jeden Augenblick ihres Lebens dankbar anzunehmen, jede Begegnung und jedes Gespräch intensiver zu erleben. Und sie haben andere Werte entdeckt: den Wert der Liebe, der Treue, der Güte, der Stille, des Gebetes. Eine Ordensschwester, die um ihre unheilbare Krebskrankheit wusste, sagte zu ihren Mitschwestern immer wieder: »Das ist doch alles nicht mehr wichtig.« Für sie hatten sich die Maßstäbe verändert. Gott war für sie in den Mittelpunkt ihres Lebens gerückt. Sie hatte auf einmal verstanden, dass Gott das eigentliche Ziel ihres Lebens war. Sie hat sich mit dem eigenen Sterben vertraut gemacht und die Angst vor dem Tod überwunden. Dadurch nahm sie auch die Menschen um sich herum anders wahr, und sie verstand sich selbst und andere besser. Sie hatte das Leid ihrer Krankheit angenommen, war daran gereift, war gütiger, stiller, achtsamer und spiritueller geworden.

Ich möchte dir, liebe Leserin, lieber Leser, in deiner Krankheit nicht die Hoffnung auf Heilung nehmen. Du sollst immer auf das Wunder der Heilung hoffen. Aber ich möchte dich zugleich einladen, die Krankheit als Chance zu sehen, andere Werte in deinem Leben in den Blick zu nehmen. Die Krankheit lädt dich ein, dich zu fragen, was für dich wirklich wichtig ist.

Was bedeutet für dich Leben?

Was möchtest du mit deinem Leben vermitteln?

Welche Spur möchtest du eingraben in diese Welt?

Nimm die Krankheit als Aufforderung, dankbar jeden Augenblick zu leben, dankbar zu sein für das Leben, das du bisher gelebt hast. Danke für die Menschen, die dich begleiten und für dich sorgen, und nimm sie als Gelegenheit, das zu sagen, was du schon lange einmal den Menschen sagen wolltest, die dir am Herzen liegen.

Psychische Leiden

In Gesprächen treffe ich auf viele Menschen, die an psychischen Erkrankungen leiden. Sie erleben dieses Leid oft als unerträglich. Über eine körperliche Krankheit kann man noch sprechen. Da kann man erzählen, welcher Operation man sich unterziehen oder welche Medikamente man einnehmen muss. Über eine psychische Krankheit trauen sich viele nicht zu reden. Da fühlen sie sich leicht abgestempelt. Und selbst haben sie das Gefühl, sie hätten nichts in der Hand. Sie fühlen sich krank, wissen aber oft selbst nicht, woher es kommt. Und vor allem fühlen sie sich hilflos. Sie können nicht sehen, was ihnen wirklich weiterhilft.

Hier wird das Leiden einer Depression offenbar, das immer mehr Menschen heimsucht. Manche Psychologen meinen, Depression werde heute zur Volkskrankheit. Jeder erzählt heute vom anderen, dass er doch Depressionen habe. Wer selbst aber davon betroffen ist, versucht, es zu verbergen. Niemand möchte als psychisch krank abgestempelt oder bemitleidet oder als Schwächling eingestuft werden. Und doch greift diese Krankheit immer mehr um sich. Im Umgang mit der Depression gibt es je nach Schwere der Erkrankung verschiedene Strategien.

Die erste Strategie besteht darin, mit der Depression ins Gespräch zu kommen. C. G. Jung sagt, die Depression sei eine schwarz gekleidete Dame. Wenn sie an unsere Tür klopft, sollen wir ihr willig öffnen und sie eintreten lassen. Denn sie habe uns etwas Wichtiges zu erzählen. Das Gespräch mit der Depression hilft besonders bei reaktiven Depressionen, etwa bei Erschöpfungsdepressionen oder bei Depressionen, die eine Reaktion auf Verlusterfahrungen sind oder auf zu großer Verunsicherung oder auf Entwurzelung durch beständige Mobilität beruhen. Wenn wir mit der Depression sprechen, so kann sie uns darauf aufmerksam machen, dass wir besser für uns sorgen, dass wir unser Maß konsequenter einhalten sollen und dass wir einen Grund brauchen, auf den wir unser Leben bauen können. Wir brauchen mehr Ruhe und Sicherheit – äußerlich wie innerlich. Das Gespräch mit der Depression geht davon aus, dass die Depression einen Sinn habe und uns auf etwas aufmerksam machen möchte, das wir ohne diese Krankheit nicht erkennen würden.

Eine Frau erzählte mir, dass sie auf einmal mit fünfzig Jahren Depressionen bekam, obwohl sie vorher nie etwas damit zu tun hatte. Im Gespräch wurde klar, dass ihr Perfektionismus eine Ursache der Depression war. Sie wollte für ihre Söhne eine perfekte Mutter sein. So lud die Depression sie ein, menschlicher mit sich umzugehen und sich von ihrem perfektionistischen Mutterbild zu verabschieden.

Mit endogenen Depressionen gestaltet sich der Umgang schwieriger. Der erste Schritt besteht in der Anerkennung der Tatsache, dass ich krank bin. Ich bedarf der Medikamente, auch wenn sich mein Inneres dagegen wehrt. Ich muss mit der Krankheit leben. Manchmal werde ich mir hilflos vorkommen. Trotz aller psychologischen Kenntnisse, trotz aller Strategien werde ich immer wieder einmal depressive Phasen durchlaufen, in denen ich mich kraftlos fühle.

Der zweite Schritt besteht darin, mich auszusöhnen mit der Depression. Es wäre gut, sie als Begleiterin anzunehmen, die mich auf Wesentliches in meinem Leben hinweist. Es ist nicht immer einfach, mich mit einer solchen Krankheit auszusöhnen.

Wer das Gefühl hat, im dunklen Loch zu sitzen, der spürt nur Hilflosigkeit, Verzweiflung, Ohnmacht. In die Dunkelheit dringt auch kein Gebet hinein. Da fühle ich mich auch von Gott verlassen. Alles, was mir bisher geholfen hat, scheint in dieser Situation wie verflogen. Es steht mir nicht mehr zur Verfügung. Ich kann mich damit nur aussöhnen, wenn ich in meiner Depression auch einen Sinn erkenne.

So besteht der dritte Schritt darin, der Depression einen Sinn abzuringen. Ein Sinn könnte beispielsweise darin bestehen, dass mich die Depression in die Tiefe des Menschseins hineinführt. Mir geht durch die Krankheit auf, dass das Leben nicht so oberflächlich ist und nur glattgeht. Ich schaue in die Abgründe menschlichen Lebens hinein. Und ich ahne etwas von der Abgründigkeit und Unbegreiflichkeit Gottes. Gott scheint in dieser Dunkelheit nicht anwesend zu sein. Aber wenn ich mich aussöhne mit meiner Depression, kann sie mich zu Gott führen. Auf dem Grund meiner Depression ahne ich etwas von Frieden und Ruhe. Da berühre ich den Gott, der auf dem Grund meiner Seele und in der Tiefe meiner Depression in mir wohnt. Mein Weg zu Gott führt dann nicht an der Depression vorbei, sondern durch sie hindurch. Die Depression wird auf diese Weise meine Begleiterin auf meinem spirituellen Weg, auf meinem Weg zu Gott.

Niemand kann sich aussuchen, ob er diese Depression hat oder nicht. Doch wie die oder der Einzelne damit umgeht, das ist seine beziehungsweise ihre persönliche Sache. Natürlich kann man seine Umgebung dafür verantwortlich machen. Dann vermittle ich den Nächsten in meiner Umgebung: »Ihr seid schuld, dass es mir so schlecht geht. Wenn ihr mich verstehen würdet, ginge es mir besser. Wenn ihr mich mehr besuchen und euch auf mich einlassen würdet, wäre ich nicht so krank.« Mit solchen Anklagen verbreite ich um mich herum nur eine Spur der Enttäuschung, der Aggression und Bitterkeit. Alle werden sich noch mehr von mir abwenden. Wenn ich mich jedoch mit meiner Depression aussöhne, kann ich trotz meiner Ohnmacht etwas von Hoffnung und Milde vermitteln. Dann geht trotz meiner depressiven Stimmung Frieden von mir aus.

Natürlich gibt es auch Depressionen, gegen die kein Mittel hilft. Oft stehen wir hilflos vor einem Menschen, den seine Depression in die Tiefe zieht, manchmal auch in den Tod. Dann bleibt uns nichts anderes übrig, als unsere Ohnmacht zu bekennen und uns vor dem Geheimnis des anderen zu verneigen. Wir können es letztlich nicht verstehen. Und daher verbietet sich alles Werten und Urteilen.

Wenn Menschen erfahren, dass sie eine Psychose haben und dass die Psychose immer wieder nach ihnen greifen kann, stürzt oft ihr gesamtes Lebensgebäude zusammen. Sie haben Angst, ihre Arbeit zu verlieren, ihr Leben nicht zu schaffen. Sie fühlen sich hilflos, haben den Eindruck, dass in ihrer Seele etwas völlig Fremdes ist, etwas, das sie weder einordnen noch verstehen noch beeinflussen können. Das macht diese Leute hilflos und ohnmächtig. Sie kommen sich selbst fremd vor. Sie haben den Eindruck, dass sie sich nicht in der Hand haben, sondern dass die Krankheit sie in der Hand hat. Es gibt keine Garantie, dass sie nicht wieder von einem psychotischen Schub heimgesucht werden.

Wenn der Psychiater einem Menschen die Diagnose der Schizophrenie oder manisch-depressiver Erkrankung eröffnet, löst das oft einen Schock aus. Bei all diesen Krankheiten haben die Menschen den Eindruck, dass sie mit ihrem Leben gescheitert sind. Sie können ihr Leben nicht so gestalten, wie sie es gerne möchten. Sie müssen von vielen Lebensträumen Abschied nehmen. In dieser Situation wissen sie nicht mehr, worauf sie ihr Lebenshaus bauen sollen, da ihr Fundament brüchig ist. Sie haben Angst, ihr Lebenshaus könne jeden Augenblick zusammenbrechen.

Es ist nicht leicht, mit dem Leid schwerer psychischer Erkrankung umzugehen. Auch hier gilt es zunächst, sich damit auszusöhnen. Die Krankheit fordert uns heraus, unser Maß zu finden und einzuhalten. Dieses Maß ist wesentlich kleiner als die maßlosen Bilder, die wir uns in unseren Größenfantasien ausgedacht haben. Es braucht Demut, dieses kleinere Maß zu akzeptieren. Aber innerhalb dieses Maßes kann unser Leben gelingen. Eine andere Herausforderung besteht darin, diese beiden Pole miteinander zu verbinden: Himmel und Erde. Schizophrene Menschen haben oft spirituelle Visionen und Halluzinationen, in denen sie durchaus etwas Wichtiges sehen und hören. Aber es fehlt ihnen die Erdung. So werden sie innerlich zerrissen und verlieren den Boden unter den Füßen. Menschen brauchen etwas Erdhaftes – bei der Arbeit, aber auch in ihrem privaten Lebensvollzug. Schizophrene erzählen mir oft von der Not, dass ihnen in der Psychiatrie mit Medikamenten ihre Fantasiewelt abgeschnitten wird. Dann fühlen sie sich nicht mehr wirklich als Menschen. Wenn sie aber den Pol der Erde bewusst leben, brauchen sie ihre Fantasiewelt nicht zu unterdrücken. Sie werden sich dann nicht in die Scheinwelt ihrer Fantasie flüchten und innerlich abheben, weil sie einen festen Grund unter den Füßen haben.

Nur wenn ich mich aussöhne mit meiner psychischen Erkrankung, besteht die Chance, sie durch Medikamente so einzudämmen, dass sie mich nicht am Leben hindert. Aber das Leben ist und bleibt eingeschränkt. Und mit dieser Einschränkung muss der Betroffene leben. Sonst werde ich immer wieder in die Krankheit zurückfallen. Die Erkrankung lehrt mich also Demut und Bescheidenheit und ein gutes Hören auf meine Psyche und die Eskapaden, die sie manchmal schlägt. Solchermaßen kann mich die Krankheit beständig auf Gott verweisen. Ich kann die Krankheit nicht überwinden. Ich bin angewiesen auf eine gute Einstellung der Medikamente und letztlich auf Gott, in dessen Hand ich bin. Gottes Geist vermag auch meine psychische Krankheit mit ihrer inneren Zerrissenheit zu durchdringen. Gott vermag zu verbinden, was in mir gespalten und zerrissen ist. Doch ich muss mir immer wieder eingestehen, dass ich in meiner Krankheit gefährdet bin und die Spaltung immer wieder auftreten kann. Viele rebellieren gegen ihre Erkrankung und flehen Gott an, sie zu heilen. Sie wollen Gott zwingen, ihnen die Krankheit zu nehmen. Das Gebet, wie Jesus es versteht, würde jedoch bedeuten, sich auszusöhnen mit der Krankheit und sie Gott hinzuhalten. Dann kann sein, dass ich im Gebet mitten in meiner Krankheit einen inneren Frieden spüre. Die Krankheit erinnert und verweist mich beständig auf Gott. Auf diese Weise kann ich mit ihr leben, ohne mich selbst zu entwerten oder gar zu bekämpfen.

Sorgen um die Kinder

Ein anderes Leid, das mir Menschen immer wieder erzählen, ist die Sorge um ihre Kinder.

Da erzählt ein Vater von seinem achtjährigen Sohn, der voller Ehrgeiz ist, und völlig ausrastet, wenn etwas schiefgeht. Er war schon bei der Erziehungsberatung. Aber das hat ihn nur noch ratloser werden lassen.

Oder es berichtet eine Mutter von ihrem Sohn, der Drogen nimmt und einfach keine Lust hat, sein Leben selbst zu gestalten und auf eine solide Grundlage zu stellen. Er verweigert das Leben. Die Mutter möchte ihn am liebsten ins Leben schubsen. Aber sie hat Angst, dass er sich dann das Leben nimmt.

Eine andere Mutter bangt um ihren sechsunddreißigjährigen Sohn, der voller Angst daheim sitzt und sich nicht mehr aus dem Haus traut. Er leidet an Depressionen. Aber er will sich nicht helfen lassen. Die Mutter soll seine Probleme lösen.

Ein Vater leidet darunter, dass seine Tochter den Kontakt mit der Familie völlig abgebrochen hat. Alle Versuche, mit ihr Verbindung aufzunehmen, scheitern. Ein klärendes Gespräch verweigert sie. Die Briefe lässt sie ungeöffnet zurückschicken. Ein Elternpaar fühlt sich hilflos, weil bei ihrer magersüchtigen Tochter keine Therapie anschlägt. Ein Vater, der selbst viel von Psychologie versteht, kann seiner depressiven Tochter kaum helfen. Ständig lebt er in der Angst, sie könne sich selbst das Leben nehmen.

Schwierige Charaktereigenschaften und verschlungene Lebenswege

Was bei all diesen Erzählungen in den Eltern immer wieder auftaucht, sind Schuldgefühle. Was haben wir verkehrt gemacht, dass der Sohn, die Tochter, sich so entwickelt hat? Oft verweisen diese Menschen auf ihre Sorgen und ihren Einsatz, den sie geleistet haben. Sie hatten jahrelang das Gefühl, dass der Sohn oder die Tochter sich blendend macht. Sie hatten eine gute Beziehung zu ihm/ihr. Gerade mit diesem Sohn, mit dieser Tochter gab es am wenigsten Probleme und er/sie war immer der Sonnenschein der Familie. Auf einmal gab es einen Bruch, den sich die Eltern selbst nicht erklären können. Aber auch der entgegengesetzte Fall kommt vor und der Sohn oder die Tochter war von Anfang an schwierig. Und alle Mühen, die sie sich gemacht haben, blieben erfolglos. Sie verstehen nicht, wie das alles so kommen konnte.

So fragen sich die Eltern, was sie bei all ihrer Mühe verkehrt gemacht haben. Manchmal finden sie dann genügend Anhaltspunkte: Sie waren gestresst. Sie waren zu sehr mit dem Hausbau beschäftigt. Die Großeltern mussten gepflegt werden. Die Geburt des zweiten Kindes löste beim ersten Kind eine Krise aus. Es war eifersüchtig, dass es nicht mehr die erste Stelle einnahm. Und oft machen sich dann die Eltern klein. Sie entschuldigen sich für alles, was sie verkehrt gemacht haben. Gerade wenn die Tochter oder der Sohn sie angreift und ihnen vorwirft, dass sie sie/ihn falsch erzogen haben, reagieren Eltern häufig, indem sie sich vor ihren Kindern selbst entwerten und sich tausendfach entschuldigen. Doch das hilft den Kindern nicht weiter. Es bestärkt sie nur in ihrer Opferhaltung und hindert sie daran, die Verantwortung für ihr Leben selbst zu übernehmen. Und es raubt den Eltern alle Energie und Selbstachtung. Die Eltern haben gegeben, was sie geben konnten. Dazu sollen sie stehen. Dass es für den Sohn oder die Tochter nicht genug war, das können sie so stehen lassen. Wir Menschen geben nie genug. Das müssen wir auch nicht. Wir können nur geben, was wir haben.

Wenn du, liebe Mutter, lieber Vater, dir Vorwürfe machst, dass deine Kinder nicht so geraten sind, wie du es gerne gehabt hättest, dass sie beispielsweise nicht mehr zur Kirche gehen, dass sie das Leben nicht meistern, dass sie Drogen nehmen oder in schlechte Kreise geraten sind, dann solltest du dich und deine Kinder einfach Gott entgegenhalten. Verzichte darauf, dich zu beschuldigen, dass du alles verkehrt gemacht hast. Damit würdest du dich nur selbst zerfleischen. Auch der andere Weg hilft nicht weiter: sich zu entschuldigen oder sich zu rechtfertigen, dass man ja alles gut gemeint hat. Lass die Vergangenheit einfach so stehen, wie sie war. Es war, wie es war. Und es darf auch so sein. Du hast dich bemüht, deine Kinder gut zu erziehen. Du hast dich mit deinem ganzen Herzen und mit deiner Kraft für sie eingesetzt. Trotzdem gab es Verletzungen. Verletzungen gehören zu unserem Leben. An ihnen können die Kinder reifen und erstarken. Es ist ihre Verantwortung, wie sie auf Verletzungen reagieren. Das ist nicht deine Aufgabe. Du kannst dem Sohn oder der Tochter nur Mut machen, sich mit seinen/ihren Verletzungen auseinanderzusetzen und sich mit seiner/ihrer Begrenztheit auszusöhnen. Dann wird ihr Leben gelingen. Oft haben die Kinder maßlose Erwartungen an die Eltern. Sie zu erfüllen täte ihnen nicht gut.

Wichtig ist es auch, den Kindern zuzutrauen, dass sie ihr Leben bewältigen. Unterstütze sie darin mit deinem Gebet. Bete darum, dass die Wunden der Kinder in Perlen verwandelt werden, dass sie gerade in ihren Verletzungen ihre eigenen Stärken und ihre Berufung entdecken. Die Kinder haben selbst die Verantwortung, ihr Leben mit seiner Geschichte anzunehmen und sich mit ihrer Vergangenheit auszusöhnen. Es gibt keine ideale Kindheit. Die Grenzen, die wir als Kinder erfahren, sind aber gerade hilfreich. Sonst hätten wir alle das Gefühl, ständig im Schlaraffenland zu leben. Spätestens dann, wenn wir erwachsen werden, würden wir in eine tiefe Krise fallen. Denn die Welt ist kein Schlaraffenland, sondern ein Kampfplatz, auf dem wir uns stellen müssen. Und beim Kampf bleiben Verwundungen nicht aus. Manche verweigern den Kampf, weil sie unverletzt bleiben wollen. Doch dann geht das Leben an ihnen vorbei. Es ist in so einem Fall immer leicht, den Eltern die Schuld dafür in die Schuhe zu schieben. In Wirklichkeit weigert man sich, selbst die Verantwortung für sein Leben zu übernehmen und sein Leben zu gestalten und zu formen.

Der Umgang mit den Schuldgefühlen ist die erste Aufgabe, die du gegenüber deinem Sorgenkind erledigen musst. Die zweite Aufgabe besteht darin, dich der eigenen Hilflosigkeit zu stellen. Du bist als Vater oder Mutter nicht der Therapeut für deine Kinder. Du kannst ihnen beistehen und sie begleiten. Aber du kannst ihre psychischen Probleme nicht lösen, weil du selbst viel zu sehr in die Beziehung zu den Kindern verwickelt bist. Suche selbst nach Hilfe für dich, wie du damit umgehen kannst. Vielleicht gibt es eine Selbsthilfegruppe in deiner Nähe. Und suche nach therapeutischer oder seelsorglicher Hilfe für dein Kind. Die Krise kann immer auch eine Chance sein –

schwierige Kinder sind oft auch sehr sensible Kinder. Wenn sie ihre Gefährdung mit professioneller Hilfe bearbeiten, werden sie oft für andere zum Segen.

Die dritte Aufgabe, die du zu erfüllen hast, ist der Glaube an deine Kinder. Auch wenn du sie momentan als schwierig oder gar als psychisch krank erlebst und das akzeptieren musst, solltest du nie den Glauben an die Kinder aufgeben. Glaube an den guten Kern in ihnen, glaube an ihre Sehnsucht, das Gute in sich zu entfalten. Die Kinder merken, ob die Eltern an sie glauben oder ob sie selbst Angst haben, dass ihr Leben nicht gelingen wird. Der Glaube bedeutet nicht, dass man eine rosarote Brille aufsetzen soll, um die Probleme der Kinder nicht zu sehen. Vielmehr gilt es zu akzeptieren, was ist. Aber ich gebe die Hoffnung nicht auf, dass in dem Kind etwas Gesundes ist, das sich durch alle psychischen Probleme durchsetzen kann. Und ich vertraue darauf, dass das Kind nicht allein ist, sondern dass sein Engel es auf allen Wegen, auch auf Umwegen und Irrwegen, begleitet. Doch ich muss mir das Vertrauen und die Hoffnung immer wieder erbeten – auch wenn es oft eine Hoffnung wider alle Hoffnung ist, die von den Eltern verlangt wird.

Die vierte Aufgabe besteht darin, die Herausforderung durch die problematischen Kinder anzunehmen. Jedes Kind stellt die Eltern vor eine wichtige Aufgabe. Oft sind es gerade die Kinder erfolgreicher Eltern, die das Leben verweigern. Sie halten den Eltern ihre eigene Hilflosigkeit und Ohnmacht vor Augen. Es gibt jedoch Bereiche im Leben, die man nicht mit Ehrgeiz und Können bewältigen kann. Da werden andere Seiten in uns gefordert wie Hinhören, demütiges Sicheinlassen auf das Unverständliche im Kind. Kinder kann ich nicht so organisieren und kontrollieren wie eine Firma. So hält das Kind den Eltern oft einen Spiegel vor Augen, und es ist gut, in diesen Spiegel hineinzuschauen. Dadurch kommt man in Berührung mit seinen schwachen Seiten und mit den Schattenseiten. Man spürt hier, dass nicht alles machbar ist. Das macht bescheiden und demütig. Oft haben mir Eltern schwieriger Kinder erzählt, dass ihr Kind sie herausgefordert hat, materielle Sicherheiten loszulassen und sich geistigen Dingen zuzuwenden. Für manche war es auch eine Motivation, sich wieder auf Gott einzulassen.

Homosexualität

Eine andere Mutter rief mich eines Tages verzweifelt an. Ihr Sohn hatte ihr eröffnet, dass er homosexuell sei. Sie kam damit allein nicht zurecht und wandte sich Rat suchend an mich.

Ich verstehe sehr gut, dass es bei einer Mutter oftmals zunächst einen Schock auslöst, wenn sie von der Homosexualität ihres Sohnes oder ihrer Tochter erfährt. Doch hier hängt das Leiden von der Einstellung ab. Wenn ich die Homosexualität als Anlage ansehe, die man nicht bewerten darf, dann kann ich mich damit ohne Weiteres aussöhnen. Ich versuchte daher, der Mutter zu erklären, dass homosexuelle Menschen genauso sind wie heterosexuelle, dass sie oft sogar einen besonderen Sinn für Spiritualität und für Kunst haben. Sie tragen kostbare Gaben in sich, an denen sich Eltern freuen sollten. Natürlich werden zunächst einmal die Wünsche der Eltern, der Sohn oder die Tochter würde früher oder später eine Familie gründen und sie könnten sich an ihren Enkelkindern freuen, zerstört. Das tut weh. Aber wie groß das Leid der Eltern ist, hängt hier wirklich wesentlich von der Einstellung ab, die sie zur homosexuellen Veranlagung ihrer Kinder entwickeln. Wenn sie die Kinder so akzeptieren, wie sie sind, dann wandelt sich das Leid, und es kann eine sehr gute Beziehung zu ihnen entstehen.

Krankheit und Behinderung

Viele Eltern, die ein behindertes Kind haben, erzählen mir, dass sie lange gebraucht haben, die Behinderung zu akzeptieren. Aber jetzt erleben sie, dass das Kind ein Segen für die ganze Familie ist. Es hat etwas Liebes und Frohes an sich. Oder aber es besitzt Fähigkeiten, die wir bei »normalen« Kindern kaum wahrnehmen. Eine Frau beispielsweise, die einen unheilbar kranken Sohn hat, ging in eine Selbsthilfegruppe. Die meisten in dieser Gruppe erzählten immer nur von der Belastung, die sie durch das Kind tragen mussten, und fragten, wie sie damit umgehen sollten. Nach einem Kurs bei mir ging der Frau jedoch auf, dass das Kind auch eine Botschaft an die Eltern und die ganze Familie hatte. Als sie diese Botschaft zu erkennen suchte, sah sie ihr Kind plötzlich mit ganz anderen Augen.

Eine Behinderung ist nicht nur Belastung, sondern auch Geschenk. Gerade das unheilbar kranke Kind weist die Eltern auf das Geheimnis des Lebens hin, das immer endlich ist, das immer durch den Tod bedroht ist und dennoch etwas in sich birgt, was den Tod übersteigt. Denn die Botschaft, die das Kind zu geben hat, wird den Tod überdauern. Sie wird eine Spur bleiben, die in die Herzen der Eltern eingegraben ist. Die erwähnte Mutter ist fasziniert von dem Blick, den ihr Sohn ihr manchmal zuwirft. In diesem Blick scheint eine Ahnung vom Geheimnis allen Seins zu sein. Es ist ein wissender Blick und zugleich ein liebender Blick. Wenn sie in die klaren Augen ihres Sohnes schaut, dann fühlt sie sich reich beschenkt. Dann erkennt sie die Botschaft, die er für sie bereithält. Und sie erlebt ihren Sohn trotz allen Leides als beglückendes Geschenk.

Psychische Krankheit

Eltern leiden, wenn der Sohn oder die Tochter depressiv oder an einer Psychose erkrankt ist. Sie verstehen ihr Kind oft nicht. Sie haben ihm doch alles gegeben, was sie zu geben hatten. Das Kind ist intelligent. Es mangelt ihm an nichts. Aber trotzdem kommt es aus seiner Depression nicht heraus. Alles gute Zureden hilft nicht weiter.

Auch hier ist es wichtig, dass sich die Eltern fachlich informieren, damit sie auf die Krankheit ihrer Kinder angemessen reagieren. Aber bei aller fachlichen Hilfe bleibt das Leid der Eltern. Mit anzusehen, wie die Kinder ihr Leben nicht bewältigen, sondern immer wieder in eine depressive Phase geraten oder von einem psychotischen Schub eingeholt werden, das tut weh. Doch die Krankheit der Kinder bedeutet zum einen immer auch eine Herausforderung, über sich selbst nachzudenken. Wie verstehe ich mein Leben? Weist mich die Krankheit der Kinder auf verdrängte Schattenseiten hin? Sicher wird man hier erkennen, dass es nicht selbstverständlich ist, dass das Leben gelingt. Und man wird auch in sich selbst unbekannte Seiten wahrnehmen. Zum anderen heißt es, Abschied zu nehmen von der Illusion, dass man durch eine noch so gut gemeinte Erziehung die Probleme seiner Kinder lösen kann.

Wir Menschen stoßen immer auch an Grenzen. Es gibt Krankheiten, die wir einfach akzeptieren müssen. Dabei sollen wir uns vor zwei Gefahren hüten. Die erste Gefahr besteht darin, die Krankheit nur den Kindern in die Schuhe zu schieben, nach dem Motto »ich bin ja gesund«. Die zweite Gefahr ist, dass man alle Schuld bei sich selbst sucht. Doch ich muss immer beide Seiten anschauen. Was sagt die Krankheit über das Familiensystem? Und was sagt sie über mich? Ich darf meinen Anteil an der Familiensituation nicht verdrängen. Aber ich darf auch nicht meinen, ich sei für alles verantwortlich. Vielleicht hat die Krankheit des Sohnes oder der Tochter andere Ursachen. Sie kann von Erbanlagen bedingt sein oder durch den Mangel an bestimmten Hormonen.

Oft ist eine solche Krankheit aber auch ein Widerfahrnis, das sich absolut nicht durch das Familiensystem erklären lässt, das heißt, ich kann weder die Krankheit noch die Situation in der Familie erklären. Dann begegnet mir in der Unbegreiflichkeit des Leids der unbegreifliche Gott selbst. Das bedeutet für mich, ich muss mich einfach damit auseinandersetzen und versuchen, meine persönliche Antwort zu geben, ohne mir den Kopf zu zerbrechen, wie das alles zusammenhängt. Ich kann die Krankheit der Kinder nur als Herausforderung akzeptieren. Sie lehrt mich, dass die menschliche Seele ein abgrundtiefes Geheimnis ist. Und ich begegne in der Krankheit des Kindes immer auch der eigenen Wahrheit, den Tiefen meines eigenen Unbewussten.

Oft genug verweist mich die Krankheit der Kinder auf Gott. Im Gebet darf ich immer auf ein Wunder der Heilung hoffen. Zumindest wird mir das Gebet mehr Vertrauen schenken. Und das Vertrauen wird mir helfen, mich dem kranken Kind gegenüber anders zu verhalten. Wenn das Gebet meine Einstellung zum Kind verwandelt, geschieht oft auch im Kind eine Verwandlung.

Magersucht

Ähnlich hilflos fühlen sich die Eltern, wenn ein Kind magersüchtig ist. Sie haben erfahren, dass alle Appelle, doch richtig zu essen, nicht fruchten. Auch Vorwürfe zu machen hilft hier nicht weiter.

Der erste Schritt der Heilung besteht darin, dass die Eltern ihre eigene Ohnmacht akzeptieren. Sie sind auch in diesem Fall nicht die Therapeuten der Tochter beziehungsweise des Sohnes. Sie müssen ihr Kind in dieser Situation einem anderen anvertrauen – einem Therapeuten oder auch Gott. Und sie brauchen selbst fachliche Beratung, dass sie sich gegenüber ihrem Kind und dessen Krankheit richtig verhalten. Aber auch hier gilt: Das magersüchtige Kind stellt eine Herausforderung für die Eltern dar, an der sie lernen können. Sie sollen sich in sie hineinmeditieren und sich fragen, was sie ihnen zu sagen hat. Was möchte die Tochter durch ihr Leben ausdrücken? Warum kann der Sohn momentan nicht anders leben als magersüchtig? Wovor schützt er sich? Wovor hat das Mädchen Angst? Warum hält sie sich an ihrer Magersucht so fest? Hat sie Angst, sie könnte sonst sich selbst verlieren? Wie versteht sie ihr Leben, und wonach sehnt sie sich?

Die Beschäftigung mit dem magersüchtigen Kind stellt den Eltern Fragen an ihr eigenes Leben. Wie sehe ich selbst mein Leben? Was gibt meinem Leben Sinn? Wohin geht meine tiefste

Sehnsucht? Kann ich mit meinem Kind über meine eigene und seine Sehnsucht ins Gespräch kommen? Was möchte ich mit meinem Leben erreichen? Welche Spur möchte ich in diese Welt eingraben?

Drogenabhängigkeit

Es ist ein großes Leid, wenn die Eltern erfahren, dass der Sohn oder die Tochter Drogen nimmt. Auch hier tauchen zunächst die Schuldgefühle auf, denen man sich stellen muss. Doch wenn die Eltern ständig um ihre Schuldgefühle kreisen, werden sie der drogensüchtigen Tochter und dem kiffenden Sohn nicht weiterhelfen. Sie müssen sich auf sie einlassen und mit ihnen ins Gespräch kommen. Nur dann kann man gemeinsam einen Weg finden, wie die Kinder aus der Sucht herausfinden.

Sucht ist das Resultat verdrängter Sehnsucht und oft genug auch Mutterersatz. Das heißt keineswegs, dass die Mutter schuld wäre an der Sucht ihres Kindes. Vielmehr will der betreffende Sohn oder die Tochter nicht aus dem mütterlichen Nest heraus und flieht auf seiner/ihrer Suche nach Geborgenheit in die Sucht. Hier braucht es nun immer auch eine konsequente Haltung der Eltern, und zwar eher die väterliche Ermahnung als das mütterliche Verständnis. Und es ist wichtig, die Sehnsucht zu entdecken, die hinter der Sucht steht. Die Kinder brauchen beides: Disziplin und das Spüren der eigenen Sehnsucht.

Sehnsucht nach Glück, nach gelingendem Leben wird immer geweckt durch Erfüllung und Enttäuschung. Der Süchtige möchte nun am liebsten jeder Enttäuschung ausweichen. Doch damit verweigert er das Leben. Wer weiß, dass Erfüllung und Enttäuschung notwendigerweise zum Leben gehören, kann auch Ja sagen zur scheinbaren Durchschnittlichkeit und Banalität des Lebens. Dem alkoholabhängigen Sohn oder der drogensüchtigen Tochter Vorwürfe zu machen, hilft nicht weiter. Als Elternteil muss ich mich seiner/ihrer Sehnsucht stellen und mit ihm/ihr ins Gespräch kommen. Dann bekomme ich einen Zugang zu seinem/ihrem Herzen. Wenn dazu noch die Kraft der Disziplin kommt, und das Zutrauen, dass der Sohn, die Tochter den Weg aus der Sucht schafft, besteht Hoffnung auf Heilung.

Scheitern im Beruf und von Beziehungen

Arbeitslosigkeit

Immer wieder höre ich von tragischen Schicksalen. Da hat ein Mann mit vollem Engagement eine Firma aufgebaut. Doch nun ist alles zerbrochen. Er musste Konkurs anmelden. Was er mühsam aufgebaut hat, hat sich in Nichts aufgelöst. Ein Mann hat die Firma seiner Vorfahren weitergeführt. Es war schon die fünfte Generation. Doch nun geht es einfach nicht mehr. Die Banken weigern sich, neue Kredite zu geben. Zum wirtschaftlichen Ruin kommt das Gefühl, den Vorfahren gegenüber Schuld auf sich zu laden. Er konnte nicht weiterführen, was sie aufgebaut haben.

Auch Arbeitslose erzählen mir oft von ihrem Schicksal. Sie haben sich für die Firma engagiert. Doch jetzt ist diese an einen ausländischen Konzern verkauft worden. Viele Stellen werden abgebaut. Mit fünfzig Jahren beispielsweise hat eine Frau, die eine verantwortliche Stellung innehatte, nun kaum mehr eine Chance, anderswo unterzukommen. Die gute Ausbildung, die gute Arbeit, alles das zählt nicht mehr. Bei Bewerbungen heißt es, sie sei überqualifiziert. Es tut ihr weh, sich ständig anbieten zu müssen und dabei Demütigungen und Entwertungen zu erfahren.

Hinter jedem Arbeitslosen steckt ein Schicksal, das dem Betroffenen oft großes Leid bereitet. Als Seelsorger kann ich hier nicht einfach Trost vermitteln. Ich weiß keine Lösung, was der Arbeitslose noch tun sollte, um eine Stelle zu bekommen. Worte wie: »Es wird schon weitergehen. Wer sich etwas zutraut, der wird auch eine Stelle bekommen« wirken auf die Ratsuchenden wie Hohn. Aus der sicheren Position heraus kann man so etwas ja leicht sagen. Doch dem Arbeitslosen, der hundert Bewerbungen geschrieben und nur Absagen bekommen hat, ist das keine Hilfe. Er fühlt sich durch solche Sätze verletzt.

Väter, die keine Arbeit mehr haben, fühlen sich oft als Versager. Sie können ihrer Familie kein angemessenes Einkommen mehr garantieren. Der Lebensstandard muss zurückgeschraubt werden. Zum persönlichen Schmerz kommt das Gefühl, den Kindern nicht die Ausbildung ermöglichen zu können, die man sich immer vorgestellt hat. Die Kinder genieren sich vor ihren Klassenkameraden, weil sie sich auf einmal nichts mehr leisten können. Sie können bei der Klassenfahrt nicht mitfahren, weil das Geld fehlt. Manchmal steht die ganze Existenz auf dem Spiel. Man hatte vielleicht sogar ein Haus gebaut und mit dem sicheren Einkommen gerechnet, doch nun kann man die Zinsen nicht mehr bezahlen. Die Banken drängen darauf, das Haus zu verkaufen.

Nach einem Vortrag zum Thema »Finde deine Lebensspur« fragte mich eine Frau, ob Arbeitslose ihre Lebensspur nicht gefunden hätten. Offensichtlich hatte sie solche Deutungen gehört, dass die Arbeitslosen selbst schuld seien, weil sie ihre eigene Spur noch nicht erkannt hätten. Solche Aussagen verletzen nur; Arbeitslosigkeit ist ein Widerfahrnis. Natürlich gibt es Fälle, in denen die Betroffenen auch selbst daran beteiligt sind. Doch auch hier darf ich das Leid nicht interpretieren, denn sonst vermehre ich es nur. Die einzige Hilfe, auf die Arbeitslosigkeit zu reagieren, besteht darin, das eigene Selbstwertgefühl zu stärken und die Selbstachtung nicht zu verlieren, sondern daran zu wachsen.

Für mich gibt es drei Weisen, auf das Leid der Arbeitslosigkeit zu reagieren: Erstens, ich muss mein Selbstwertgefühl neu ausloten. Mein Selbstwert hängt nämlich nicht allein von der Arbeit ab und auch nicht nur von der Leistung, die ich nach außen vorweisen kann. Letztlich besteht mein persönlicher Wert darin, dass ich von Gott als einmalig und einzigartig geschaffen bin. Der Grund, auf dem ich mein Lebenshaus baue, kann nicht der Erfolg sein, sondern letztlich nur Gott. Das klingt zunächst wie eine Vertröstung, doch der Verlust der Arbeit zwingt mich, eine neue Grundlage für mein Leben zu schaffen. Die tiefste Grundlage ist letztlich Gott. Und die Arbeitslosigkeit ist eine Einladung, über meinen wahren Wert nachzudenken, über das Ziel meines Lebens. Ich kann nicht mehr verwirklichen, was ich mir im Beruf vorgenommen habe. Aber trotzdem kann ich mit meinem Leben eine Spur in dieser Welt hinterlassen, die für andere wichtig ist. Es kommt auch hier auf die Einstellung an, mit der ich auf meine Arbeitslosigkeit reagiere. Die Einstellung zu meiner Situation kann mir niemand streitig machen. Hier kann sich die Trotzmacht des Geistes bewähren. Ich lasse mich nicht unterkriegen. Ich reagiere auf meine Situation, indem ich meinen eigentlichen Wert entdecke und entfalte, einen Wert, den mir niemand nehmen kann.

Die zweite Weise, auf das Leid der Arbeitslosigkeit zu reagieren, besteht im bewussten Gestalten meines Lebens. Wenn die Strukturierung meines Lebens durch die Arbeit wegfällt, brauche ich umso mehr gute Rituale, die meinen Tag strukturieren. Sie geben mir Halt. Rituale sind wie ein Haus, in dem ich wohnen kann. Ich stehe jeden Tag um die gleiche Zeit auf und gestalte den Morgen mit meinen persönlichen Ritualen: mit Gebet oder Meditation, mit einem Waldlauf oder einer Bibellesung. Ich kann zwar nicht zur Arbeit gehen, aber ich vermag den Tag trotzdem so zu gestalten, dass es mein Tag wird, dass es mein Leben wird. Rituale geben mir das Gefühl, dass ich selber lebe, anstatt gelebt zu werden. Sie strukturieren den Tag und vermitteln mir daher, dass mein Leben sinnvoll ist. Arbeitslosigkeit kann leicht in die Formlosigkeit führen. Ich lasse mich gehen und lebe einfach nur in den Tag hinein. Das tut der Seele nicht gut und raubt ihr alles Selbstwertgefühl. Wenn ich den Tag jedoch mit meinen persönlichen Ritualen gestalte, dann erlebe ich mein Leben als sinnvoll. Und mein Leben hat eine Form, die mir guttut. In dieser Form kann Neues in mir wachsen. Es geht nicht nur um Rituale, sondern um eine sinnvolle Gestaltung des Tages. Was kann ich im Haus oder Garten arbeiten? Wann nehme ich mir Zeit, etwas zu lesen oder ins Museum zu gehen, etwas anzuschauen, was ich schon lange einmal anschauen wollte? Wen möchte ich besuchen? Wie kann ich die freie Zeit, die mir jetzt zur Verfügung steht, nutzen? Was wollte ich schon längst einmal lesen oder studieren? Ich kann mich umsehen, ob in der Universität nicht ein Seniorenstudium angeboten wird oder ob ich sonst eine Fortbildung machen könnte. Auf der anderen Seite sollte ich mich nicht aufgeben und weitersuchen, wo ich mich nach einer Stelle umsehen und mich bewerben kann. Ich muss meine Zeit sinnvoll nutzen, sonst geht meine Stimmung immer mehr in den Keller.

Die dritte Weise, mit Arbeitslosigkeit umzugehen, besteht für mich darin, die Chance zu nutzen, mich neu zu orientieren. Was steckt in mir an Möglichkeiten und Fähigkeiten? Ich überlege, was meine ureigenste Lebensspur ist, die ich in diese Welt eingraben möchte. Habe ich bisher wirklich das gelebt, was meinem innersten Wesen entspricht? Oder gibt es Saiten in mir, die noch nicht erklungen sind, die aber jetzt ertönen möchten? Worin möchte ich mich fortbilden? Was möchte ich erlernen? Und wie kann ich mich heute sinnvoll engagieren? Bewerbungen zu schreiben und immer wieder eine Absage zu bekommen tut weh. Es entwertet mich. Daher muss ich selbst sehen, was ich in Angriff nehmen kann. Worin liegt die Chance, viel Zeit zu haben? Natürlich wird bei all diesen Überlegungen die Sorge um die wirtschaftliche Zukunft immer gegenwärtig sein. Daher soll ich Ausschau halten, was möglich ist. Welche Umschulungsmaßnahmen bietet das Arbeitsamt an? Was kann ich den Menschen anbieten, was meiner Stärke entspricht? Ich weiß, dass all diese Überlegungen oft nicht zum Ziel führen. Ich habe mit Menschen gesprochen, die trotz aller Bemühungen keinen Erfolg hatten. In ihnen steigt die Angst hoch, ihr Leben nicht zu schaffen und im Alter nicht für den eigenen Lebensunterhalt sorgen zu können. Umso wichtiger ist hier die Trotzmacht des Geistes. Ich darf mich nicht aufgeben, sondern muss für mich und mein Leben kämpfen.

Trennung und Ehescheidung

Dem Scheitern im Beruf entspricht auf der persönlichen Ebene das Scheitern von Partnerschaften und Ehen. Viele wagen den Schritt der Scheidung, weil die Ehe für sie ein Leiden darstellte, das sie überforderte. Sie hatten den Eindruck, dass sie immer kränker werden, wenn sie ihr Ja-Wort zum Partner durchhalten. Manchmal erleben Männer oder Frauen die Trennung vom Partner auch als Akt der Befreiung. Aber häufig fühlen sie sich als Versager. Warum hat meine Ehe nicht gehalten? Ich habe doch mein Bestes gegeben. Ich wollte doch mein Ja-Wort unter allen Umständen durchhalten. Ich habe doch für die Familie gesorgt. Ich habe versucht, meine Frau, meinen Mann zu verstehen und ihr ein guter Partner, ihm eine gute Partnerin zu sein.

Frauen wie Männer fühlen sich tief verletzt, wenn ihr Lebenspartner, ihre Lebenspartnerin sie verlässt, weil er sich in eine andere Frau oder sie in einen anderen Mann verliebt hat und nun meint, mit diesem beziehungsweise dieser ihr Leben teilen zu müssen. Zu dieser Verletzung kommt dann bei Eheleuten auch oft noch das Ringen um die Kinder. Die Kinder machen ihren Eltern natürlich Vorwürfe, dass sie es nicht schaffen, miteinander zu leben und ihnen ein sicheres Zuhause zu bieten. Oder aber die Eltern kämpfen um die Kinder. Jeder setzt sie in seinem Kampf gegen den anderen ein und versucht, sie auf seine Seite zu ziehen.

Eine Frau erzählte mir, dass sie ihren Mann trotz allem weiterliebt. Umso tiefer saß die Verletzung, wenn sie ihn mit seiner neuen Freundin sah. Sie kam nicht darüber hinweg, dass sie alles für den Mann getan hatte und er sie jetzt einfach alleinließ. Er tat plötzlich so, als ob die zwanzig Ehejahre nichts gewesen wären, als ob die Liebe nur oberflächlich war. Das tut weh.

Zu dem persönlichen Leid kommen oft die wirtschaftlichen Schwierigkeiten, denn bei jeder Ehescheidung verschlechtern sich die finanziellen Verhältnisse. Der Spielraum, das eigene Leben zu gestalten, wird immer enger. Die Mütter, die ihre Kinder in den meisten Fällen nach der Scheidung allein erziehen müssen, finden kaum noch Zeit für sich selbst. Sie müssen rund um die Uhr für ihre oft noch kleinen Kinder da sein.

Ein Mann schilderte mir, er könne nicht mehr schlafen, denn seine Partnerin habe ihm mitgeteilt, dass sie ihn verlassen würde. Es ginge nicht mehr. Sie könne ihn nicht mehr ertragen. Er fragte sich nun, was er denn verkehrt gemacht hatte, und bekräftigte, dass er ja bereit sei, sich zu ändern, sich auf die Wünsche der Frau einzulassen. Aber sie gab ihm keine Chance mehr. Er konnte nicht mehr schlafen, wälzte sich grübelnd die ganze Nacht im Bett, dachte an Suizid. Der Mann konnte es einfach nicht aushalten, dass alles, worum er bisher gekämpft und wofür er sich eingesetzt hatte, auf einmal nichts mehr gelten sollte. Er spürte, wie ihm der Boden entzogen wurde; er fand keinen Boden mehr, auf dem er stehen konnte. Viele Frauen können ähnliche Schicksale erzählen: Eine Frau hatte beispielsweise den Eindruck, dass sie jahrelang gut genug gewesen war, für den Mann alles zu machen, vor allem ihm unangenehme Probleme vom Hals zu halten, damit er auf seiner Karriereleiter weiterklettern konnte. In letzter Zeit hatte er sich einer anderen Frau zugewandt, die ihm alles zu geben schien, was er bei seiner Ehefrau vermisst hatte. Das bedeutete für sie eine tiefe Verletzung. Die Frau war verzweifelt. Im Nachhinein fühlte sie sich als Putzfrau missbraucht. Er wollte sich auch gar nicht von ihr trennen – nur sexuell. Seine Wäsche sollte sie ruhig weiter waschen. Leid wie in den beschriebenen Fällen, das in vielen Beziehungen die Partner trifft, kann man nicht einfach als eigene Schuld abtun. Und es hilft auch nicht zu sagen, die Zeit würde die Wunden heilen. Natürlich hat auch nicht Gott dieses Leid geschickt. Es ist entstanden zwischen zwei Menschen. Und wohl jeder hat seinen Anteil daran. Dennoch tut es weh und stürzt die Beteiligten oft genug in Verzweiflung. Die Verzweiflung kann man nicht wegbeten. Man muss sich ihr stellen. Nur dann kann sie sich langsam wandeln.

Für mich gibt es fünf Schritte, die hilfreich sind, mit der Verletzung umzugehen, die Menschen beim Scheitern ihrer Beziehung erfahren: Der erste Schritt besteht darin, den Schmerz zuzulassen. Es hat keinen Zweck, den Schmerz durch Aktivismus zu überdecken. Er wird immer wieder aufbrechen. Aber es geht auch nicht darum, immer wieder in der Wunde zu wühlen. Besser lässt man den Schmerz zu und spürt ihm aufmerksam nach.

Der zweite Schritt besteht in der Wut: Nur in der Wut distanziere ich mich von dem, der mich verletzt hat. Ich werfe ihn aus mir heraus. Und ich verwandle die Wut in die Kraft, mein eigenes Leben aufzubauen. Ich tue dem anderen nicht den Gefallen, dass ich die nächsten Jahre nur den Kopf hängen lasse und dem vergangenen Glück nachtrauere. Dann hätte er ja immer noch Macht über mich und würde mich beständig neu verletzen. Ich distanziere mich und baue mein eigenes Leben auf. Ich zeige ihm, dass ich auch ohne ihn leben kann, dass ich viele Fähigkeiten habe, die ich jetzt entwickeln möchte.

Der dritte Schritt ist, das Vorgefallene objektiv zu betrachten – ohne es zu bewerten oder zu beurteilen. Es geht darum, einfach zu verstehen, was da schiefgelaufen ist. Wo habe ich selbst nicht richtig hingeschaut, als ich mich für diesen Partner, für diese Partnerin entschieden habe? Wollte ich meine Zweifel nicht zulassen? Habe ich mir eingebildet, ich könne ihn oder sie »gesundlieben«? Was ist in diesen Jahren geschehen, dass wir uns entfremdet haben oder dass der Partner sich bei der ersten Verliebtheit von mir getrennt hat? Ich versuche, mich selbst und meine Geschichte zu verstehen. Ich kann mit meinem Leben nur dann gut umgehen, wenn ich es auch verstehe. Verstehen heißt aber zugleich, jedes Beurteilen zu lassen. Ich schaue einfach an, was geschehen ist, um zu verstehen, welche Projektionen, welche Verwicklungen, welche Mechanismen da in jedem am Werk waren.

Der vierte Schritt sollte dann sein, dem, der mich verletzt hat, zu vergeben. Das bedeutet, ich lasse seine Schuld bei ihm, gebe die Verletzung weg. Ich höre auf, in der Wunde zu wühlen, und befreie mich innerlich von ihm. Ich wünsche ihm, dass er sein Leben lebt. Ich werde mein eigenes Leben leben. Vergeben ist ein Akt der Befreiung vom anderen. Der andere hört auf, mich weiter zu bestimmen. Wenn ich nicht vergeben kann, bin ich immer noch an den anderen gebunden und lasse mich weiterhin von ihm bestimmen. Ich gebe ihm Macht über mich. In der Vergebung stelle ich mich auf die eigenen Füße und lasse die Verletzung beim anderen. Darum tut Vergebung in erster Linie mir selbst gut. Sie befreit mich von der negativen Energie der Bitterkeit, und sie befreit mich von den Kränkungen des anderen. Sie ist die Voraussetzung, dass ich mich wieder mir selbst und meinem eigenen Leben zuwende und es mit neuer Kraft gestalten und leben kann.

Der fünfte Schritt besteht dann darin, die erlittenen Wunden zu verwandeln. Ich frage mich, was in mir durch diese schmerzvolle Erfahrung Neues wachsen möchte. Und ich überlege, wie meine Verletzung fruchtbar werden könne für mich und für die Menschen um mich herum. Wenn ich nur die ersten vier Schritte bedenken würde, hätte ich immer das Gefühl, benachteiligt zu sein. Erst der fünfte Schritt gibt mir das Gefühl der Dankbarkeit für mein Leben. Denn mein Leben wird auf neue Weise fruchtbar. Das, was mich verletzt hat, stärkt mich nun und zeigt mir meine ureigenste Lebensspur.

Selbst gemachtes Leiden

Manchmal bekomme ich Briefe von Menschen, die ihre Lebenssituation beklagen und dabei in mir das Gefühl aufsteigen lassen: Die machen sich ihr Leid selbst. Natürlich bin ich vorsichtig, so etwas zu sagen. Es steht mir nicht zu, über die Menschen zu urteilen. Und ich weiß nicht, wie es diesen Menschen wirklich geht. Aber beim Lesen der Briefe kommen in mir Gefühle hoch, die ich nicht ausblenden darf, denn sie sind real. Und vielfach lagen diese Gefühle richtig. Allerdings darf ich als Berater ein solches Gefühl nie absolut nehmen. Es drängt mich nur, genauer hinzusehen, ob es nicht etwas Wahres erkennt.

Beispielsweise kam eine Frau zu mir, die in Schulden geraten war. Sie hätte die Schulden leicht begleichen können, indem sie aus ihrem Grundbesitz ein paar Äcker verkauft hätte. Aber sie hatte Angst, was die Leute über sie dachten, wenn sie etwas vom Familienbesitz verkaufte. Sie betete lieber, dass Gott ihr helfen möge und ihr die Schulden nehme. Natürlich tat Gott ihr diesen Gefallen nicht. Immer wieder geriet sie in Depressionen, weil sich an ihrer Situation nichts änderte. Alle Ratschläge, die ich dieser Frau gab, prallten an ihr ab. Sie konnte nichts verkaufen, weil sie Angst hatte vor dem Gerede der Leute. Ich spürte in diesem Fall meine Grenze zu helfen. Mir kam dabei das Wort in den Sinn, das Bert Hellinger geprägt hat: »Lieber leiden als lösen.«

Manche Menschen leiden lieber vor sich hin, als sich auf den Weg zu machen und die Lösungswege zu versuchen, die sich anbieten. Sie halten an ihren Vorstellungen vom Leben fest und sind nicht bereit, sich durch die widrigen Umstände herausfordern zu lassen, ihr Lebenskonzept und ihre Lebensstrategie zu ändern.

Eine andere Frau fühlte sich in ihrer Frauengruppe immer wieder verletzt. Es gab zwei Möglichkeiten: Sie konnte das Problem ansprechen und so einen Umdenkensprozess in Gang bringen, müsste sich aber gleichzeitig auch selbst dem Problem stellen. Auf diese Weise könnte sich eine Lösung ergeben. Die anderen Frauen wären dann wahrscheinlich in der Lage zu erkennen, warum ihr Verhalten diese Frau verletzte. Und wenn sie guten Willens sind – und davon gehe ich aus –, dann änderten sie auch ihr Verhalten. Dadurch würde sich die betroffene Frau zumindest freier fühlen. Doch sie hatte Angst, ihre Verletzungen anzusprechen. Sie befürchtete, sie könnte die anderen Frauen verunsichern oder sie gar verletzen. So litt sie lieber still vor sich hin.

Die zweite Möglichkeit lag darin, die Gruppe zu verlassen und sich eine neue zu suchen. Doch auch das lehnte sie ab. Sie zählte viele Gründe auf, warum das nicht ging. Auch hier hatte ich den Eindruck, dass sich die Frau das Leiden selber schuf. Ich merkte an meiner eigenen ärgerlichen Reaktion, dass ich in diesem Fall nicht helfen wollte, denn alle Möglichkeiten, die ich der Frau anbot, wehrte sie ab. Es gab also keinen Weg, ihr Leiden zu ändern. Ich bot ihre gerne meine Hilfe an, aber sie war begrenzt.

Manche Menschen wollen sich nicht helfen lassen. Sie wollen lieber jammern. Wenn ich diesen Eindruck habe, kann ich mich als Berater nur zurückziehen. Die Psychologie hat diese Weise, sich selbst Leiden zu schaffen, »Neurotizismus« genannt. In den letzten Jahren erforschte sie dieses Phänomen neu. Gemeint sind hierbei Menschen, die »bei geringstem Anlass beleidigt, geschockt, verletzt, verängstigt, deprimiert« (Psychologie heute, 2/2005, S. 46) sind. Sie fühlen sich ständig angespannt, beunruhigt, deprimiert und völlig wertlos. »Oft liegen sie nachts wach und grübeln über die Dinge, die schiefgehen könnten.« (Ebd., S. 46) Diese Leute haben den Eindruck, die anderen würden sie ständig beobachten und ihr Versagen wahrnehmen. So igeln sie sich lieber ein, fühlen sich oft genug von anderen kontrolliert, ja manchmal sogar verfolgt. Sie haben den Eindruck, die anderen würden hinter ihrem Rücken über sie tuscheln. »Selbstunsicher, wie sie sind, bringt sie selbst die harmloseste kritische Bemerkung aus dem Gleichgewicht.« (Ebd., S. 46) Solche Menschen leiden auch häufig an Krankheiten, haben wenig Abwehrkräfte und sind anfällig für Infektionen. Kaum eine Erkältung geht an ihnen vorüber. Sie grübeln nachts über sich nach, was ihr Immunsystem schwächt.

Diese Menschen sind wirklich krank. Sie leiden an sich selbst, merken aber gar nicht, wie sie sich das Leiden teilweise selbst schaffen. Natürlich darf man einem solchen Menschen nie sagen: »Du schaffst dir das Leiden selbst.« Aber ich würde ihn herausfordern, seine Einstellung und seine Sicht des Lebens infrage zu stellen. Ist sein Leben wirklich so schwer oder macht er sich es nur so schwer? Reden die Leute wirklich über ihn oder bildet er sich das nur ein? Selbst wenn sie über ihn reden, ist es ihr Problem. Er braucht das nicht zu seinem Problem zu machen. Aber manche nehmen solches harmlose Gerede der anderen so ernst, dass sie sich ständig gestresst fühlen und daran unermesslich leiden.

Ein Vater kam einmal mit seiner Tochter zu mir und erzählte, sie sei vom Teufel besessen. Sie war normalerweise recht angepasst und fromm, nur von Zeit zu Zeit rastete sie aus und beschimpfte die Eltern mit wüsten, gotteslästerlichen Reden. Dann fuhren die Eltern mit ihr zu verschiedenen Wallfahrtsorten wie Lourdes, Fatima und Altötting. Sowohl die Eltern als auch die Tochter litten unter diesem Zustand. Doch im Gespräch wurde klar, dass sie lieber aneinander litten, als ihre Sichtweise vom Leben infrage zu stellen. Die Eltern waren sehr autoritär. Sie hatten immer recht. Die Tochter passte sich an. Doch ab und zu rebellierte sie dagegen. Und sie benutzte genau das Machtmittel, das ihre Eltern in die Knie zwang. Sie stieß gotteslästerliche Flüche aus. Das war für die Eltern der Teufel, der ihrer Tochter solche Worte eingab. Die Eltern wollten nicht davon abrücken, dass sie im Recht waren. Und die Tochter nutzte die Gelegenheit aus, um immer wieder Macht über die Eltern zu bekommen. Hier war das Leiden wirklich selbst gemacht. Und ich sagte der Tochter: »Es ist deine Entscheidung, ob du wirklich leben willst. Dann musst du das warme Nest deiner Eltern verlassen. Oder du arrangierst dich mit deiner Anpassung. Dann wirst du immer wieder deine Ausfälle haben. Natürlich hat das den Vorteil, dass du durch ganz Europa kommst. Aber die Frage ist, ob es dich wirklich auf deinem Weg weiterbringt.« Ich weiß nicht, ob die Tochter den Sprung in die Freiheit gewagt oder lieber das alte Spiel weitergespielt hat, das für alle Beteiligten eine Quelle von Leid war.

Es ist nicht leicht, zu entscheiden, ob ein Leid selbst gemacht ist oder nicht. Und es steht mir nicht zu, das zu beurteilen. Die Menschen fühlen ihr Leid als sehr bedrängend. Und das muss ich ernst nehmen. Ich bin vorsichtig, Ratschläge zu erteilen oder Möglichkeiten aufzuzeigen. Ich lasse die Menschen immer erst erzählen, wie sie es empfinden und was ihnen so viel Leid bereitet. Und dann frage ich, wie sie auf dieses Leid reagieren möchten, was ihnen helfen könnte, damit umzugehen oder Lösungen zu finden. Wenn ich dann im Gespräch merke, dass sie nichts an ihrer Situation ändern wollen, dann nehme ich meine eigene Grenze ernst. Ich will nicht urteilen, ob das Leid selbst gemacht ist oder nicht. Aber ich weiß, dass ich da nicht helfen kann und auch nicht will. Es war für mich selbst ein Lernprozess, mir dies einzugestehen. Denn mein christlicher Anspruch verlangt von mir, dass ich jedem, der um Hilfe bittet, auch helfen soll. Aber ich spüre, dass es mich befreit, mir mein Unvermögen hier einzugestehen.

Bei aller Vorsicht, das Leid anderer zu beurteilen, habe ich doch manchmal den Eindruck, dass die Leute leiden, weil sie an ihren Vorstellungen vom Leben festhalten und nicht bereit sind, ihre Einstellung zu ändern. Diese Haltung ist jedoch vor allem für die Menschen verletzend und beleidigend, die wirklich von tiefem Leid betroffen sind, das nicht auf einer verzogenen Einstellung beruht. Wer nicht bereit ist, sich zu lösen, der leidet einfach lieber vor sich hin. Und mit ihrem Leid beschäftigen solche Leute viele Menschen, denn sie wandern oft von einem zum anderen, um von jedem eine bessere Lösung ihrer Probleme zu erwarten. Das bedeutet aber, dass die anderen sie vom Leiden befreien sollen. In Wirklichkeit müssten sie selbst eine andere Einstellung zum Leiden und zum Leben finden. Dann wird sich ihr Leiden wandeln und oft sogar auflösen.

Naturkatastrophen

Die Bilder von Naturkatastrophen, die uns das Fernsehen leider viel zu häufig zeigt, hinterlassen in uns oft das Gefühl von Hilflosigkeit, von Ohnmacht, von Wut und Schmerz. Im Iran hat das Erdbeben in der Stadt Bam einhunderttausend Opfer gefordert. Die Flutkatastrophe vom 26. Dezember 2004 hat fast zweihunderttausend Menschen in den Tod gerissen. Nach dem schweren Erdbeben und dem Tsunami vom 11. März 2011 kam es in Fukushima in drei Reaktoren des Atomkraftwerks zur Kernschmelze. Weite Gebiete mussten evakuiert werden. Erdrutsche, Lawinenabgänge, Erdbeben, Überschwemmungen, Tornados – die Schreckensmeldungen gehen jedes Jahr durch die Medien. Und die erste Reaktion ist fast immer: Wer hat Schuld? Warum hat man vor der Überschwemmung nicht gewarnt? Wer hat etwas versäumt? War kein Frühwarnsystem installiert? Waren die Häuser, die beim Erdbeben eingestürzt sind, nicht fest genug gebaut? Waren die Flüsse zu sehr begradigt, sodass sie die Überschwemmung verursachten? Hat die Regierung versagt und kein richtiges Krisenmanagement eingerichtet? Haben die Behörden nicht angemessen reagiert?

Natürlich ist es sinnvoll, alles Menschenmögliche zu tun, um die zerstörerischen Folgen von Naturkatastrophen einzudämmen und menschliche Fehler zu korrigieren. Doch oft sieht es so aus, als ob die Suche nach dem Schuldigen davon ausgeht, dass es keine Katastrophen geben dürfte oder zumindest dass der Mensch sie immer in den Griff bekommen könnte. Hier drückt sich die Einstellung aus, dass alles machbar ist und der Mensch ein natürliches Anrecht auf ein langes und sicheres Leben hat. Die Naturkatastrophen zeigen jedoch, dass nicht alles machbar ist. Und auch die Frühwarnsysteme können Erdbeben und Überschwemmungen nicht verhindern, sondern können nur die verheerenden Auswirkungen eindämmen. Manchmal habe ich auch den Eindruck, dass die Suche nach den Schuldigen vom Leid ablenkt, das die Katastrophe vielen Menschen gebracht hat. Dahinter steht die Auffassung, Leid dürfte eigentlich nicht sein.

Die Menschen in südlichen Ländern werden offensichtlich eher mit dem Leid fertig, das Naturkatastrophen mit sich bringen, als wir Nordeuropäer. Sie wissen darum, dass sie nicht Herren über die Schöpfung sind, sondern dass sie mit den Unbilden des Wetters und den Unsicherheiten dieser Welt leben müssen. Sie nehmen darum ihr Leid hin und versuchen, es zu tragen. Im Westen tun wir uns mit der Leidbewältigung schwerer. Wir meinen immer, wir müssten uns gegenüber allem absichern und versichern. Leid muss bei uns auf jeden Fall verhindert werden. Doch diese Einstellung hilft nicht dabei, das Leid, das uns doch trifft, anzunehmen und es zu bewältigen. Es fällt uns schwer, die eigene Ohnmacht zuzugeben. Es ist aber nicht alles machbar, wir können uns nicht gegenüber allem absichern. Wir leben in einer unsicheren Welt. Das ist die Realität.

Neben der Suche nach den Schuldigen erheben sich bei Naturkatastrophen immer auch die Fragen:

Wo war Gott bei dieser Katastrophe?

Hat Gott etwas zu tun mit dieser Katastrophe?

Hätte er sie verhindern können?

Warum hat er es nicht gemacht?

Warum hat die Flut alle gleichermaßen erfasst: die Touristen, die sich erholen wollten; die Armen, die sowieso nichts haben; die frommen Christen, die bei einer Marienwallfahrt von der Flutwelle weggespült wurden?

Nützt da alles Beten nichts?

Ist Gott ungerecht? Handelt er willkürlich?

Es ist gut, wenn solche Fragen gestellt werden. Aber kein Mensch kann auf diese Fragen letztlich eine Antwort geben. Wir können nur die Sinnlosigkeit solcher Katastrophen aushalten. Wir können nur kapitulieren mit unseren Versuchen, alles in den Griff zu bekommen. Wir haben diese Welt nämlich keineswegs im Griff. Wir sind nicht gegen Naturkatastrophen gefeit, und die Natur ist keine nur schöne Landschaft, in der wir uns erholen, oder eine Quelle, an der wir auftanken können. Sie hat auch etwas Bedrohliches, Unerklärliches, Mächtiges, dem wir nicht gewachsen sind. Die Natur ist nicht so harmonisch und unschuldig, wie wir sie uns oft vorstellen. Der Dichter und christliche Moralist Reinhold Schneider hat in seinen letzten Lebensjahren darunter gelitten, dass nicht nur die Menschen, sondern auch Tiere grausam miteinander umgehen. Dass die Raubtiere andere Tiere fressen und so das biologische Gleichgewicht herstellen, mag uns noch eingehen, doch dass auch Tiere einander oft quälen, stellt unser oft romantisches Naturverständnis völlig auf den Kopf. Reinhold Schneider ist daran fast zerbrochen. Er hat diese Erfahrung nicht mit dem Bild des gütigen Gottes zusammenbringen können.

Die Naturkatastrophen stellen daher eine dreifache Anfrage an uns dar: Die erste ist, inwieweit wir die Natur so domestiziert haben, dass sie dagegen durch Katastrophen rebelliert. Dann bestünde unsere Aufgabe darin, eine naturgerechtere Gestaltung dieser Welt zu versuchen, zum Beispiel den Flüssen genügend Raum dafür zu lassen, über die Ufer zu treten, und nicht alles zu verbauen.

Der zweite Punkt ist, unser Verständnis von Natur und Schöpfung zu überprüfen. Was ist die Natur? Wie verhält sie sich? Hier geht es wesentlich darum, die Macht der Naturgewalten zu respektieren – die Macht von Blitz und Donner, von Erdbeben, Vulkanausbrüchen und Flutwellen.

Die dritte Anfrage bezieht sich auf unser Gottesbild. Wer ist Gott, wenn er solche Katastrophen nicht verhindert? Wie sollen wir Gott verstehen, der eine so gefährdete und gefährliche Schöpfung geschaffen hat? Das bedeutet auch, dass wir uns von zu harmlosen und zu »lieblichen« Gottesbildern verabschieden müssen. Gerade in der christlichen Liturgie werden diese heute als Reaktion auf den strafenden Gott, der früheren Generationen vor Augen gehalten wurde, verkündet. Wir sollten uns hüten, Gott mit unseren menschlichen Begriffen zu beschreiben. Es bleibt bei allen Versuchen, Gott zu verstehen, unser Eingeständnis, dass Gott ganz anders ist und dass er sich nicht nach unserer Theologie richtet, sondern vielmehr so ist und handelt, wie es seinem Wesen entspricht. In der Unbegreiflichkeit des Leids, das durch Naturkatastrophen verursacht wird, gilt es, sich immer mehr dem unbegreiflichen Gott zu überlassen. Es bleibt uns nichts anderes übrig, als uns in den ganz anderen Gott hinein zu ergeben und uns einzugestehen, dass Gott sich vor keiner menschlichen Instanz rechtfertigen muss.

SCHLUSSWORT

Gott ist gerecht. Das ist die Aussage der Bibel. »Er liebt Gerechtigkeit und Recht, die Erde ist erfüllt von der Huld des Herrn«, singt der Psalmist. (Ps 33,5) Und in einem anderen Psalm heißt es: »Die Werke seiner Hände sind gerecht und beständig, all seine Gebote sind verlässlich.« (Ps 111,7)

Wie können und dürfen wir dann überhaupt von der Ungerechtigkeit Gottes sprechen? Gott ist gerecht. Daran müssen wir festhalten. Aber wir erleben ihn oft als ungerecht und fühlen uns nicht richtig von ihm behandelt. Wir dürfen dieses Gefühl nicht verdrängen oder durch theologische Reflexionen entwerten. Nur wenn wir die Erfahrung des ungerechten Gottes nicht überspringen, können wir zu einem neuen Gottesbild vorstoßen. Von diesem Gott dürfen wir weiterhin mit dem Psalmisten singen, dass er gerecht ist. Aber wir haben ihm unsere Sichtweise zugemutet. Wir haben ihm unsere Klage entgegengeschrien, dass wir uns ungerecht behandelt fühlen, dass wir das Leid nicht verstehen, das er uns zumutet. Wir haben es gewagt, ihm die Frage zu stellen, womit wir das verdient haben, dass er solches Unrecht an uns zugelassen hat. Indem wir die Frage stellen, indem wir Gott anklagen, indem wir ihm unsere

Vorwürfe zumuten, kann sich unser Gottesbild wandeln. Dann kann uns auf einmal aufgehen, dass unsere Sichtweise auch nicht absolut richtig ist, dass wir alles nur von unserem Standpunkt aus betrachtet haben.

Die Bibel lädt uns dazu ein, Gott seine Ungerechtigkeit vorzuwerfen und mit ihm zu streiten. Der Prophet Jeremia lässt sich zum Beispiel immer wieder auf den Streit mit Gott ein. Er spricht zu Gott: »Du bleibst im Recht, Herr, wenn ich mit dir streite; dennoch muss ich mit dir rechten.« (Jer 12,1) Und dann wirft er ihm seine eigene Not vor. Er hatte sich bemüht, Gottes Wort den Menschen zu verkünden. Aber er fühlt sich von Gott missbraucht: »Du hast mich betört, o Herr, und ich ließ mich betören; du hast mich gepackt und überwältigt.« (Jer 20,7) Gott lässt Jeremia klagen und anklagen. Er macht ihm keine Vorwürfe. Aber er entschuldigt sich auch nicht bei ihm, dass er ihn vor diesem Schicksal nicht bewahrt hat. Vielmehr antwortet er ihm nur sehr nüchtern: »Wenn schon der Wettlauf mit Fußgängern dich ermüdet, wie willst du mit Pferden um die Wette laufen?« (Jer 12,5) Uns mag diese Antwort Gottes ärgern, aber offensichtlich verzichtet Gott darauf, dem Jeremia genau zu erklären, warum das alles so geschehen ist. Er mutet ihm einfach zu, all das zu akzeptieren. Gott nennt die Erfahrung des Leids einen Wettlauf mit den Pferden. Jeremia soll durch das Leid reifen und stärker werden. Er wird es nie verstehen. Aber wenn er sich darauf einlässt, wird er auf neue Weise und mit neuer Kraft das Wort Gottes verkünden.

Diese Lösung Gottes mag uns modernen Menschen vielleicht unbefriedigend erscheinen. Sie gibt uns keine Antwort, sondern fordert uns heraus. Auch dieses Buch kann keine andere Lösung anbieten als die Gottes. Vielleicht hast aber du, liebe Leserin, lieber Leser, in meinen vielen Gedanken und Überlegungen, die ich für dieses Buch zusammengetragen habe, einen kleinen Hinweis, einen Aspekt oder Impuls für dich gefunden, der dir helfen wird, dein Leid anzunehmen und weiterzuleben. Ich kann nicht erklären, warum das Leid uns trifft. Ich kann nicht erklären, warum Gott mir das Leid zumutet. Ich kann es nur als Herausforderung nehmen, den Wettlauf mit den Pferden aufzunehmen, durch das Leid hindurch zu meinem wahren Wesen zu finden und vor dem unbegreiflichen Gott zu kapitulieren. Gott wird mir keine Antwort auf meine Fragen geben. Aber er lädt mich ein, ihm alle Vorwürfe und Fragen an den Kopf zu werfen, die in mir in der Erfahrung des Leids aufsteigen. Im Fragen und Anklagen, im Ringen und Trauern – so verheißt uns die Bibel – wird ein neues Bild meiner selbst, ein neues Verständnis des menschlichen Lebens und der Natur und eine neue Ahnung von dem ganz anderen Gott in mir wachsen. Mehr bietet uns Gott nicht an. Aber das genügt. Das ist Herausforderung genug, auf dem Weg zu bleiben und immer tiefer einzudringen in das letztlich unbegreifliche Geheimnis des Menschen und in das unauslotbare Geheimnis Gottes.

LITERATUR

Brantschen, Johannes B.: Warum lässt der gute Gott uns leiden?, Freiburg 1986.

Butollo, Willi: Zum Stellenwert der Logotherapie innerhalb der Psychologie, in: Zur Debatte. Themen der Katholischen Akademie in Bayern, München 2/2005, S. 4–6.

Chardin, Teilhard de: Der göttliche Bereich, Freiburg 1964.

Frankl, Viktor E.: Der Mensch vor der Frage nach dem Sinn, München 1979.

Grässer, Erich: An die Hebräer, EKK XVII/ 1, Zürich 1990.

Greshake, Gisbert: Der Preis der Liebe. Besinnung über das Leid, Freiburg 1978.

Grün, Anselm: Tu dir doch nicht selber weh, Mainz 1997.

Haas, Alois Maria: Gottleiden – Gottlieben. Zur volkssprachlichen Mystik im Mittelalter, Frankfurt 1989.

Hell, Daniel: Aufschwung für die Seele. Wege innerer Befreiung, Freiburg 2005.

Hinricher, Gemma: Kreuzesmystik, in: LexSpir, S. 735–740.

Jung, Carl G.: Gesammelte Werke, Band 16, Zürich 1958.

Jung, Carl G.: Briefe I, Olten 1972.

Jung, Carl G.: Briefe III, Olten 1973.

Metz, Johann Baptist: Gottespassion. Zur Ordensexistenz heute, Freiburg 1991.

Metz, Johann Baptist: Plädoyer für mehr Theodizee-Empfindlichkeit in der Theologie, in: Oelmüller, Willi: Worüber man nicht schweigen kann. Neue Diskussionen zur Theodizeefrage, München 1992, S. 107–160.

Rahner, Karl: Warum lässt Gott uns leiden? in: Schriften zur Theologie 14, Einsiedeln 1980, S. 450–466.

Ratzinger, Joseph/Benedikt XVI.: Werte in Zeiten des Umbruchs. Die Herausforderungen der Zukunft bestehen, Freiburg 2005.

Rohr, Richard: Hoffnung und Achtsamkeit. Spirituell leben heute, Freiburg 2005.

Saum-Aldehoff, Thomas: Talent zum Unglücklichsein, in: Psychologie heute, 2/2005, S. 46–50.